I0564893

INTRODUCTION

A L'ÉTUDE

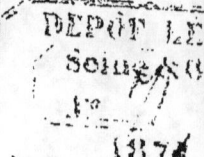

DU DROIT INTERNATIONAL

PAR

Louis RENAULT

PROFESSEUR AGRÉGÉ A LA FACULTÉ DE DROIT DE PARIS
PROFESSEUR DE DROIT INTERNATIONAL A L'ÉCOLE DES SCIENCES POLITIQUES

PARIS

L. LAROSE, LIBRAIRE-ÉDITEUR

22, RUE SOUFFLOT, 22

1879

INTRODUCTION

A L'ÉTUDE

DU DROIT INTERNATIONAL

DU MÊME AUTEUR :

Étude sur la loi du 23 janvier 1874, relative à la surveillance de la haute police, 1874.

Étude sur le projet de réforme judiciaire en Égypte, 1875.

De la succession *ab intestat* des étrangers en France et des Français à l'étranger, 1876.

Étude sur les rapports internationaux : la Poste et le Télégraphe, 1877.

Étude sur la propriété littéraire et artistique au point de vue international, 1878.

(En collaboration avec M. Ch. Lyon-Caen) : Précis de droit commercial (*sous presse*).

CORBEIL. — TYP. ET STÉR. CRÉTÉ.

INTRODUCTION

A L'ÉTUDE

DU DROIT INTERNATIONAL

PAR

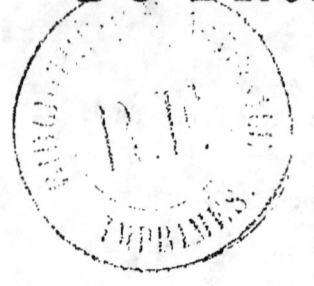

Louis RENAULT

PROFESSEUR AGRÉGÉ A LA FACULTÉ DE DROIT DE PARIS
PROFESSEUR DE DROIT INTERNATIONAL A L'ÉCOLE DES SCIENCES POLITIQUES

———

PARIS

L. LAROSE, LIBRAIRE-ÉDITEUR

22, RUE SOUFFLOT, 22

—

1879

INTRODUCTION

DU DROIT INTERNATIONAL

1. Je me propose de montrer, d'une façon aussi élémentaire que possible, ce que c'est que le *Droit des gens* ou *Droit international*, de déterminer son caractère particulier, son domaine, ses sources. Je donnerai ensuite des indications bibliographiques qui pourront, je l'espère, être utiles à ceux qui voudraient étudier d'une manière spéciale cette branche du droit. Je terminerai par un programme détaillé comprenant les matières qui me semblent devoir rentrer dans l'enseignement du droit des gens.

I. — IDÉES GÉNÉRALES SUR LE DROIT INTERNATIONAL.

a. — Caractère particulier du droit international. — Définition. — Importance.

2. Un caractère essentiel distingue le Droit des gens des autres branches du droit ; celles-ci se renferment dans les limites d'un État déterminé, qu'elles aient pour objet les rapports des particuliers entre eux (droit privé), l'organisation des pouvoirs publics et leurs

rapports entre eux ou avec les particuliers (droit public).
Avec le Droit des gens, on aborde un nouvel ordre
d'idées qu'il s'agit de bien comprendre.

3. La surface du globe est divisée en un grand
nombre de pays ou d'États ayant un territoire distinct,
une organisation et des institutions particulières. Les
productions et les ressources de ces pays sont très
variées, comme les conditions du sol et du climat : ici, la
terre est aride, mais recèle dans son sein de grandes
richesses minérales ; là, au contraire, la terre est fertile,
mais ne produit pas indistinctement toute espèce de
'choses. A côté de ces différences tenant à la constitution physique du sol, il en est d'autres non moins importantes tenant à l'organisation morale et intellectuelle
de l'homme et qui font que tel peuple se livre avec plus
de succès à tel ou tel travail.

Cet état de choses constaté, quelle va en être la
conséquence ? Y aura-t-il dans un pays surabondance
de certains produits qui feront défaut dans un autre,
tandis que ce dernier ne saura que faire de produits
qui manqueront au premier ? Oui, si les États vivent isolés, s'ils se renferment dans leurs frontières, regar-
dées par eux comme des barrières infranchissables.
Non, s'ils comprennent leur véritable intérêt, qui est
d'arriver, par des échanges réciproques, à se faire profiter les uns les autres des faveurs de la nature. Il y a
longtemps qu'il en est ainsi, au moins dans une certaine mesure qui ne fait que se développer de plus en
plus. La France, par exemple, envoie dans le monde en-

tier ses vins, ses objets d'art, pour recevoir des produits
naturels qui lui manquent, comme le coton, le café, l'or,
l'argent. Grâce aux nombreux moyens de communication
établis entre les différentes contrées du monde civilisé,
une découverte utile n'est pas plus tôt faite dans un
pays qu'elle est aussitôt répandue partout et qu'elle devient le patrimoine de l'humanité tout entière ; c'est ce
qu'on a pu voir de nos jours pour l'électricité et ses
nombreuses applications. Les écrivains célèbres dans
tous les genres ne s'adressent pas seulement à leurs com-
patriotes, mais aux hommes instruits de toute nationalité. Chaque peuple est ainsi appelé à rendre des services aux autres peuples et à en recevoir, de telle
sorte que la diversité qui existe entre eux devient un
lien puissant, celui de l'intérêt et de la reconnaissance.
C'est ce qu'indiquait déjà très bien Sully dans un mémoire à Henri IV : « Votre Majesté doit mettre en con-
« sidération, disait-il, qu'autant il y a de divers cli-
« mats, régions et contrées, autant semble-t-il que Dieu
« les ait voulu faire abonder en certaines propriétés,
« commodités, denrées, matières, arts et métiers spé-
« ciaux et particuliers, qui ne sont point communs ou,
« pour le moins, de telle beauté aux autres lieux, afin
« que par le trafic et commerce de ces choses, dont les
« uns ont abondance et les autres disette, la fréquen-
« tation, conversation et société humaine soient entre-
« tenues entre les nations, tant éloignées peuvent-elles
« être les unes des autres (1). »

(1) Citation de M. Wolowski dans une conférence sur la monnaie.

3. Si, pendant trop longtemps, les États ont vécu complètement isolés les uns des autres, se considérant comme des ennemis et n'ayant que la guerre comme moyen de communication (1), on est arrivé à des idées plus saines et il est reconnu aujourd'hui par tous que « se mouvoir, « vivre et exister dans la grande communauté des nations « est la condition normale d'une nation particulière, « comme vivre en société est la condition normale de « l'individu (2). » Des relations régulières existent entre les pays les plus éloignés ; il suffit de constater qu'actuellement la Chine et le Japon ont des représentants officiels à Paris et à Londres. Ce sont ces relations qui existent soit entre les nations considérées comme des êtres collectifs capables de droits et de devoirs, soit entre une nation et les étrangers, soit entre individus de nationalités diverses, que le *droit des gens* a pour but de régler.

4. Il n'y a que le nom de commun entre ce droit des gens et le *jus gentium* des Romains, dont la notion n'est pas toujours très nette dans les textes, mais qui, dans sa portée pratique, comprend les institutions applicables aux étrangers comme aux nationaux (Gaïus, Comm. II, 65 et III, 93) (3). C'est dans le même sens qu'encore

---

(1) Telle était la situation générale dans l'antiquité : la guerre et la conquête sont les moyens nécessaires par lesquels l'action civilisatrice du vainqueur ou du vaincu a pu se frayer un chemin hors des limites nationales. (Holtzendorff.)

(2) Phillimore, *Commentaries upon intern. Law*, I, n° 7.

(3) Accarias, *Précis de droit romain*, I, n. 7. — Les Romains n'ont pas eu la notion du droit des gens, puisqu'ils n'admettaient pas qu'il y

aujourd'hui, pour régler la condition des étrangers en France et déterminer les droits qui leur appartiennent, des auteurs distinguent entre « les facultés ou avantages « qui, communément envisagés par les diverses nations « policées comme découlant du droit naturel, ou se « trouvant de fait généralement admis dans leurs lé-« gislations et faisant ainsi partie du *jus gentium*, ne « sont point à considérer comme particuliers au droit « national de tel ou tel peuple, et les facultés ou avan-« tages dont l'établissement est plus spécialement « l'œuvre du droit national qui les consacre (1). » En ce sens, on oppose le *Droit des gens* au *Droit civil*.

5. Au dix-septième siècle, un jurisconsulte anglais, Zouch (2), proposa l'expression *jus inter gentes* que Bentham n'a eu presque qu'à traduire pour trouver l'éxpression *droit international* généralement employée aujourd'hui, surtout par les jurisconsultes anglais, américains et italiens (3) ; les Allemands disent ordinairement

eût un lien de droit entre eux et les autres peuples en l'absence de traité. Voici en effet ce que dit Pomponius, jurisconsulte qui vivait sous Antonin le Pieux : *In pace quoque postliminium datum est ; nam si cum gente aliqua neque amicitiam, neque hospitium, neque fœdus amicitiæ causa factum habemus, hi hostes quidem non sunt ; quod autem ex nostro ad eos pervenit, illorum fit, et liber homo noster ab iis captus servus fit et eorum. Idemque est, si ab illis ad nos aliquid pervenit ; hoc quoque igitur casu postliminium datum est.* Dig. fr. 5, § 2 *De captivis* (XLIX. 15).

(1) Aubry et Rau, *Cours de droit civil français*, I, § 78. Cette opinion a été combattue par M. Valette, *Explication sommaire du Code Napoléon*, p. 407 et suiv.

(2) Auteur d'un ouvrage publié à Londres en 1650 et intitulé : *De jure feciali sive de jure inter gentes.*

(3) Voir les titres des ouvrages de Phillimore, Halleck, Wheaton,

Völkerrecht, qui correspond exactement à *jus gentium* (1). Nous considérons les deux expressions comme synonymes, tout en faisant remarquer que *droit des gens* correspond plutôt à la partie théorique du sujet (2), et *droit international* à la partie pratique, le premier indiquant ce qui doit être, et le second ce qui est.

6. Le droit des gens ou droit international est donc le droit des nations ou des États, l'ensemble des règles destinées à concilier la liberté de chacun avec celle des autres. Un pareil droit existe-t-il? On l'a nié. Le droit, a-t-on dit, tire son existence de l'État qui seul lui donne la vie ; il suppose en effet trois choses : une autorité chargée d'en formuler les préceptes, une autorité chargée d'appliquer ces préceptes aux cas particuliers, et enfin une autorité chargée de faire exécuter les décisions ainsi rendues, ou, en d'autres termes, un législateur, un juge et un gendarme. Nous trouvons cela dans l'intérieur d'un même État, où il y a une autorité suprême à laquelle tous doivent le respect. Nous le trouvons encore dans les rapports entre États unis par un lien fédéral, qui ont abdiqué une partie de leur indépendance pour se soumettre à des règles communes, qui ont, sous une

Fiore, Dudley-Field, Woolsey. Cependant sir Travers Twiss intitule son traité *The Law of Nations*. Wheaton a publié des *Éléments du droit international* et une *Histoire des progrès du droit des gens*.

(1) Heffter a intitulé son livre *Europäisches Völkerrecht*, mais a accepté comme titre français : *le Droit international de l'Europe*. De même le livre de Bluntschli : *Das moderne Völkerrecht...* est intitulé dans la traduction : *le Droit international codifié*.

(2) C'est ce qu'on appelait autrefois *droit de la nature et des gens*. Il y a au *Collège de France* une chaire portant ce titre.

forme ou sous une autre, constitué une autorité centrale ayant dans sa sphère le droit de commander à tous les membres de la confédération (Suisse, Allemagne, États-Unis de l'Amérique du Nord). Mais il n'y a rien de semblable entre États également indépendants, également souverains ; on ne trouve ni code, ni tribunal, ni force armée. Comment déterminer les règles à suivre ? En admettant qu'on y parvienne, on ne sera guère plus avancé. Qui examinera les faits pour voir si ces règles sont ou non applicables ? Qui décidera entre les préten-tions rivales de deux États ? Qui surtout sera chargé de faire respecter le bon droit, d'assurer la restitution de ce qui a été injustement usurpé ? Un droit entre les nations supposerait que celles-ci ne sont que les membres d'une vaste confédération comprenant le monde entier et for-mant ce que quelques-uns ont appelé l'*État universel.*

Les auteurs qui font les objections précédentes en concluent qu'entre les nations il y a bien des usages plus ou moins généralement acceptés, des conventions plus ou moins uniformes, surtout s'il s'agit d'États comme ceux de l'Europe, qui depuis très longtemps en-tretiennent des rapports réguliers. Ils nient qu'il y ait place pour un droit proprement dit ; c'est seulement par métaphore qu'on parle ici de *droit* et de *loi* (1). Cer-tains poussent le scrupule jusqu'à ne vouloir parler que de *règles* ou de *coutumes internationales.*

7. Je ne me fais pas, comme certains esprits géné-reux, mais chimériques, l'illusion de croire que bien-

---

(1) Wheaton, *Éléments du droit international,* 1ᵉʳ vol , p. 22, 4ᵉ édit.

tôt un jour viendra où toutes les nations ne formeront qu'une seule famille, où un code précis réglera tous les rapports internationaux, où des tribunaux appliqueront équitablement ce code et où leurs décisions seront exécutées volontairement ou par la force. Ce n'est pas le lieu de m'expliquer sur les diverses tentatives ou propositions faites à ce sujet (1) ; je reconnais qu'elles sont en général trop empreintes d'utopie pour pouvoir aboutir à des résultats pratiques. Je n'en maintiens pas moins énergiquement l'existence d'un droit véritable entre les nations comme entre les individus, ayant le même fondement, c'est-à-dire le respect de la personnalité et de la liberté d'autrui.

8. Un rapport entre des êtres libres fait naître forcément l'idée de droit : *ubi societas, ibi jus*. Dès qu'il y a eu deux hommes en présence, chacun a eu droit au respect de son individualité, chacun a eu la faculté de développer librement son activité, mais à la charge de ne pas entraver la liberté de l'autre. Quoiqu'il n'y eût pas de société organisée, pas de code, pas de tribunaux, pas de gendarmes, celui qui a tué l'autre ou l'a dépouillé du fruit de son travail a violé le droit. C'est qu'en effet le droit n'est pas une création arbitraire de la volonté, il est antérieur à la constitution des États, à l'organisation des différents pouvoirs sociaux. Les codes, les magistrats, les agents de la force publique le

---

(1) Voy. *l'Arbitrage international dans le passé, le présent et l'avenir* par Rouard de Card, Paris, 1876. Cet ouvrage a été couronné par la Faculté de droit de Paris.

déclarent, l'appliquent et le font respecter, mais ne le créent pas. Sans doute, ce droit primitif était singulièrement imparfait. Sa notion, obscure et confuse d'abord, s'est peu à peu dégagée et précisée ; il a fini par être promulgué en règles précises dont l'observation a été régulièrement assurée. Mais, on ne saurait trop le répéter, il existait virtuellement et indépendamment de toutes ces formes et sanctions.

Ce qui est vrai des individus l'est aussi des États. Ils ont droit au respect de leur existence, de leur indépendance ; ils ont des devoirs correspondants. Pourquoi cette forme collective de l'État, sous laquelle se manifeste la personnalité humaine, ne serait-elle pas matière au droit aussi bien que la forme individuelle ? Les nations sont des êtres collectifs qui, par le fait même de leur coexistence, sont appelés à se rencontrer dans l'exercice de leur liberté : des règles sont nécessaires pour concilier de la manière la plus équitable les droits et les devoirs de chacun d'eux.

9. On objecte que ces règles, en admettant qu'on réussisse à les tracer, n'auront pas grande portée et qu'on pourra appliquer ici le mot connu de Bacon : *philosophi proponunt multa dictu pulchra, sed ab usu remota.* On sait trop que les différends internationaux sont du domaine de la force plutôt que du droit, que les gros bataillons et les canons Krupp jouent un rôle plus important que les arguments, que le succès a consacré les violations les plus scandaleuses de ce qu'on appelle le droit des gens. Cela est vrai, cela s'est vu, cela

se verra encore malheureusement, mais cela ne prouve rien contre notre thèse; ce que l'on signale comme la situation de fait des nations a été longtemps celle des individus. La force brutale a eu longtemps une influence décisive dans les relations privées; et même aujourd'hui, avec le progrès de la civilisation et le perfectionnement des institutions, est-il certain que le droit triomphe toujours des obstacles que peuvent lui susciter la force, la ruse, la richesse, etc. ? Comme on l'a très justement remarqué, le droit ne peut jamais étendre son empire assez loin pour exclure le fait contraire de l'injustice. Niera-t-on l'existence d'un droit constitutionnel, parce que les constitutions le plus savamment et le plus prudemment ordonnées peuvent être renversées par un coup d'État ou une révolution? On dit qu'un droit des gens se concevrait, si les États, au lieu d'être indépendants les uns des autres, étaient réunis dans une sorte de vaste confédération, parce qu'alors il pourrait y avoir une autorité supérieure. Est-ce que le droit fédératif est toujours respecté? La guerre de la sécession américaine et la guerre allemande de 1866 nous montrent la force employée pour résoudre des conflits qui pouvaient cependant être considérés comme étant dans le domaine du droit (1). On voit donc que si de l'absence de sanction

(1) Un auteur anglais dit à propos du droit international : « La reconnaissance complète de cette branche de la jurisprudence n'aura pas lieu avant l'adoption par les principales nations civilisées de quelque Code international, qui soit promulgué par leur autorité, interprété par leurs tribunaux internationaux, et appliqué en dernier ressort par leurs forces combinées. Un pareil système existe dans l'Amérique du

positive et toujours efficace, on concluait l'absence de
droit, on serait entraîné à des conséquences excessives
devant lesquelles tout le monde reculerait (1).

10. Il n'est pas indifférent de faire intervenir l'idée
de droit dans les relations internationales au lieu de
ne parler que de coutumes ou de pratiques plus ou
moins générales ; on se donne ainsi un point d'appui
solide soit pour défendre, soit pour attaquer les règles
existantes. Autrement, on ne peut faire appel qu'à l'intérêt, et chacun se considère comme le meilleur juge
de son intérêt. Il est assez difficile de demander le
sacrifice d'un intérêt particulier à un intérêt général,
tandis qu'on peut hardiment réclamer un sacrifice qui
n'est que la reconnaissance du droit d'autrui (2).

11. Enfin un grand nombre des règles du droit des
gens sont fidèlement suivies dans la pratique en l'absence même de tout engagement formel : on ne peut nier
qu'il n'y ait sur ce point un progrès sensible. Pour ne
donner qu'un exemple, on ne concevrait pas aujourd'hui
en Europe et en Amérique la violation des immunités

Nord, où les États, unis fédéralement, soumettent à la cour suprême
de justice ces différends qui, en d'autres temps, ne pouvaient être
arrangés à l'amiable, et ne peuvent même être arrangés ainsi, encore
aujourd'hui, dans la plus grande partie de l'Europe. » (Heron, *History of
jurisprudence*, p. 135.) Il est piquant de constater que ce passage a été
écrit en 1860.

(1) Voir Holtzendorff, *les Questions controversées du droit des gens
actuel*, dans la Revue de droit international et de législation comparée,
1876, p. 8 et 9.

(2) Voir à ce sujet dans la *Revue* citée à la note précédente un vif
article de M. Bluntschli, à propos des attaques d'un écrivain militaire
contre le droit des gens, 1876, p. 663-672.

admises au profit des agents diplomatiques. Les États
se reconnaissent mutuellement comme sujets de droits
et de devoirs, ils font des traités pour faciliter leurs relations, celles de leurs sujets, pour combiner le fonction-
nement de leurs services publics, et ces traités, qui
ont les objets les plus divers (1), sont le plus souvent
très exactement observés. Il y en a d'autres qui touchent à des intérêts plus considérables, à la constitution
territoriale des États contractants : pour ceux-là, il y
a plus d'incertitude, mais il s'agit de questions à peu
près insolubles.

Deux causes empêchent souvent la violation du droit
au détriment d'un État, l'intérêt des autres États mena-
cés d'être l'objet d'une atteinte semblable et l'opinion
publique de plus en plus puissante. Il serait à désirer
que la première cause agît davantage encore de manière à protéger les petits États contre les mesures
injustes dont ils peuvent être l'objet de la part d'un
État puissant. Quant à l'opinion publique, tous les gouvernements lui rendent hommage en même temps qu'au
droit en essayant, dans toutes les circonstances graves,
de justifier leur conduite et de se placer sous la protection de quelque principe reconnu. C'est ainsi que, lors
d'une déclaration de guerre, chacun des belligérants
rédige un manifeste destiné à prouver la bonté de sa
cause.

---

(1) Traités de commerce et de navigation, conventions postales et
télégraphiques, traités d'extradition, conventions relatives à la protection de la propriété littéraire ou industrielle, etc.

12. Les développements qui précèdent nous amènent donc à cette conclusion que de l'existence simultanée de nations également indépendantes on peut déduire rationnellement des règles, des nécessités d'action ou d'inaction qui forment ce qu'on appelle le droit des gens *primitif, naturel, nécessaire, absolu;* toutes ces expressions répondent ici à la même idée.

Ce droit est nécessairement restreint parce qu'il a surtout un caractère négatif; le droit naturel, en effet, nous commande plus souvent l'abstention que l'action : son précepte essentiel est de ne pas nuire à autrui, de ne pas entraver sa liberté. Les progrès de la civilisation, le développement des relations internationales, facilitées par les merveilleuses découvertes de la science moderne, ont fait naître des droits contingents et variables, qui ont été réglés par des conventions formelles ou se sont établis par la pratique; c'est ce qui forme ce qu'on appelle le droit des gens *positif* ou *volontaire,* qui peut se diviser en droit *coutumier* ou *non écrit,* et en droit *conventionnel* ou *écrit.*

13. Le droit des gens positif ne diffère pas seulement du droit des gens naturel en ce qu'il pose des règles précises et détaillées, en ce qu'il prévoit des situations inconnues à celui-ci; trop souvent il y a complet désaccord entre eux. Les intérêts et les passions ont introduit et maintenu des pratiques contraires à la justice absolue (1). La mission du jurisconsulte est

_____

(1) Grotius avait tracé en peu de mots la situation respective du

alors d'exposer *ce qui est* en indiquant *ce qui devrait
être* (1). Aussi acceptons-nous la définition que Bluntschli
a donnée du droit des gens : c'est l'*ensemble des règles
pratiquées le plus généralement entre les États avec
appréciation de ces règles au point de vue du droit naturel* (2). De cette façon, on profite en même temps des
enseignements de l'école historique et de l'école philosophique qui se sont longtemps partagé les auteurs et
ont donné lieu à d'interminables discussions, quelquefois
aussi confuses et aussi ennuyeuses qu'inutiles. Depuis
longtemps, c'est la tendance historique qui domine dans
la science.

14. Le droit des gens fait partie des *sciences diplomatiques* qui comprennent l'ensemble des connaissances et
principes nécessaires pour bien conduire les affaires publiques entre États (3) ; il faut y joindre l'histoire des États
et des traités, la statistique, la géographie, l'économie po-

droit naturel et du droit positif : *nimirum humano jure multa consti-
tui possunt præter naturam, contrà nihil.*

(1) Woolsey (*Introduction to the study of international Law*, § 15)
dit très bien : « En matière de droit des gens, il y a deux questions
à poser : la première et la plus importante est de savoir quelle est
l'entente actuelle et la pratique des nations, autrement on a une doctrine flottante et sans autorité ; en second lieu, il faut rechercher par
quels motifs rationnels et moraux cette pratique peut être expliquée
ou défendue, autrement on se sépare de la vérité et du droit, et on
est réduit à un pur fait. »

(2) Fiore (*Nouveau Droit internat. public*, I, p. 78) dit dans le même
sens que la science du droit des gens recherche les règles de conduite
que la raison déduit des principes de la justice absolue appliqués à
régler les rapports des nations avec les modifications introduites par
l'habitude, l'usage et les conventions.

(3) Klüber, *Droit des gens moderne de l'Europe*, § 7.

litique, l'art de négocier. La *politique extérieure* est l'art
de diriger les affaires étrangères d'un pays ; elle doit
s'inspirer des principes du droit, mais il est facile de
comprendre que, même en y restant fidèle, il y a bien
des manières d'agir ; tout en étant honnête, on peut être
prudent ou téméraire, perspicace ou aveugle. L'*histoire
diplomatique* est l'histoire de la politique extérieure d'un
pays ; on entend quelquefois par là l'histoire des traités, ce qui est bien différent.

15. Tout ce qui concerne les relations extérieures
des peuples me semble prendre un intérêt de plus en
plus grand. Les questions de politique étrangère sont
aujourd'hui, comme toutes les autres, du ressort des
parlements, de la presse, de l'opinion publique. Dans les
pays démocratiques, tous les citoyens peuvent par leur
vote influer sur la direction de la politique étrangère
comme sur celle de la politique intérieure ; ils auraient
besoin d'être éclairés sur les droits et les devoirs de
chaque nation. On parle souvent, et avec quelque raison,
des guerres amenées par l'ambition ou le caprice d'un
souverain. On demande que partout le droit de déclarer
la guerre n'appartienne plus à un seul homme, mais
soit réservé aux représentants de la nation sur qui doit
retomber tout le fardeau de la guerre. Je pense que cette
demande est légitime : mais il ne faut pas croire que les
peuples soient à l'abri de l'ambition ou des passions et
plus pacifiques que les souverains. Très souvent on a vu
le contraire. En France, sous le gouvernement de Juillet,
c'était le peuple qui poussait à la guerre et s'indignait

des ménagements gardés par le pouvoir exécutif (affaire du droit de visite, affaire Pritchard). Aux États-Unis, la chambre des représentants est en général beaucoup moins réservée que le président dans les affaires extérieures; elle a souvent fait des motions compromettantes qui, avec un pouvoir exécutif moins circonspect, auraient pu amener la guerre. Ces exemples pourraient être multipliés et on en trouverait sans peine d'autres récents. La vérité est que trop souvent le sang-froid, le sentiment du droit, la connaissance des faits font défaut dans les questions de ce genre. La France a beaucoup à travailler pour faire son éducation sur ce point. Il y a peu de pays où les affaires étrangères soient moins connues, non seulement de la masse de la nation, mais encore des classes éclairées. Nous ne connaissons pas assez l'histoire, la législation (1) et la géographie des pays étrangers, nous ne nous tenons pas suffisamment au courant de ce qui s'y passe, des mouvements qui s'y produisent, des tendances diverses qui s'y manifestent. Nous nous fions trop à la facilité qu'a un Français pour se faire comprendre partout et nous ne cultivons pas assez les langues étrangères dont la connaissance peut seule nous permettre de faire des études véritablement approfondies sur un sujet qui n'a pas un intérêt exclusivement local (2). Nous

(1) Des notions incomplètes ou erronées sur la procédure criminelle anglaise ont été pour beaucoup dans les difficultés que la question d'extradition a soulevées, il y a quelques années, entre le gouvernement anglais et le gouvernement français.

(2) Pour quelqu'un qui veut faire des études sérieuses sur les rap-

sommes trop *subjectifs* et nous ne nous plaçons pas au point de vue des autres peuples. Il n'est que juste de reconnaître que, depuis quelques années, il y a eu des progrès sérieux réalisés en ce sens (1). Espérons qu'ils

ports internationaux, l'anglais, l'allemand et l'italien sont utiles et nous les énumérons dans l'ordre de leur importance. Pour les faits, l'anglais rend de très grands services, parce qu'on peut dire que toutes les questions internationales de quelque importance finissent par être portées devant le Parlement cu devant les tribunaux anglais. Pour la culture scientifique, l'allemand reprend ses avantages. Il y a aussi un mouvement juridique sérieux en Italie, peut-être plus actif qu'original ; il reçoit visiblement l'impulsion de l'Allemagne.

(1) Il suffit d'indiquer quelques faits. Le droit des gens n'était enseigné autrefois qu'à Paris et à Strasbourg, il l'est maintenant dans presque toutes les Facultés de droit. — Les jeunes gens qui se destinent à la carrière diplomatique ont à subir des examens portant sur la langue anglaise, la langue allemande, le droit public, l'histoire du droit des gens, le droit international actuel, l'histoire diplomatique, les affaires commerciales, la géographie politique et économique. V. dans le *Journal officiel* du 18 juillet 1877 le rapport d'une commission nommée par le ministre des affaires étrangères avec le programme arrêté par elle. — L'éminent directeur de l'*École libre des sciences politiques* a compris toute l'importance des sciences diplomatiques et leur a fait une large part. Voici en effet les matières enseignées à cette école qui rentrent directement dans cet ordre d'idées : histoire des traités de commerce depuis 1786, histoire des traités depuis la paix de Westphalie jusqu'en 1789, histoire diplomatique de l'Europe depuis 1789 jusqu'à 1872, organisation des services diplomatiques, droit des gens, droit international résultant des traités, géographie et ethnographie. — L'étude des législations étrangères a pris un grand développement depuis quelques années grâce à la *Société de législation comparée* qui, depuis 1872, publie tous les ans un *Annuaire de législation étrangère* où les principales lois de presque tous les pays sont traduites et annotées. Enfin M. Dufaure vient de créer au ministère de la justice un *Comité de législation étrangère* dont la bibliothèque rend les plus précieux services aux travailleurs qui peuvent maintenant suivre facilement le mouvement législatif et scientifique dans les différents pays. Je n'accomplis qu'un devoir de reconnaissance en témoignant ici de l'accueil obligeant qu'on y trouve et de la complaisance infatigable du

2

ne s'arrêteront pas et que la jeune génération sera de plus en plus instruite dans ces choses si utiles pour la paix générale. Qu'elle se tienne également éloignée de deux tendances qui peuvent l'une et l'autre amener les plus tristes conséquences, je veux parler de ce cosmopolitisme exagéré, où l'idée même de patrie est absente, et de ce patriotisme exclusif qui fait confondre le juste et l'injuste, quand il s'agit de ce qu'on croit être l'intérêt de son pays.

b. — Du domaine du droit international.

16. Pendant longtemps, on a limité ce domaine assez étroitement. Encore de nos jours on parle du droit des gens *européen* (1), en faisant rentrer, du reste, dans l'Europe les États américains formés par des colonies européennes. Et même n'a-t-on pas toujours considéré tous les peuples de l'Europe comme y participant ; les musulmans en étaient exclus. Depuis longtemps, des écrivains, Puffendorf notamment, avaient bien fait ressortir cette vérité que le droit international a pour but de régler les rapports entre les sociétés humaines qui toutes ont des droits et des devoirs par leur existence même indépendamment de toute considération religieuse. Depuis le traité de Westphalie, on ne tenait

bibliothécaire qui met à la disposition des lecteurs sa connaissance très étendue et très sûre de la *Littérature* étrangère dans les différentes branches du droit.

(1) Voir le titre des ouvrages de Klüber, Heffter, Holtzendorff, Neumann.

plus compte de la différence des confessions, les États
protestants étaient sur le même pied que les États catholiques, mais on s'en tenait toujours à l'idée d'une communauté de droit restreinte aux populations chrétiennes (1), idée que nous trouvons formellement exprimée
dans la Sainte-Alliance (2). Il y avait bien des rapports,
même des traités nombreux, entre les puissances chrétiennes et la Turquie ; il n'y en avait pas moins une situation toute particulière qui a pris fin après la guerre
de Crimée. Par l'article 7 du traité du 30 mars 1856,
la Sublime Porte a été déclarée *admise à participer
aux avantages du droit public et du concert européen.*
Les rapports se sont régularisés avec les peuples de
l'extrême Orient, des traités ont été conclus avec la

(1) Pendant longtemps la foi chétienne était affirmée en tête des
traités qui débutaient ainsi : *Au nom de la très sainte et indivisible
Trinité.* Les traités importants commencent maintenant ainsi : *au nom
de Dieu très puissant ;* voir par exemple le Traité de Berlin du 13 juil
let 1878.

(2) V. l'acte signé à Paris le 26 septembre 1815 entre l'empereur
d'Autriche, le roi de Prusse et l'empereur de Russie ; le préambule
constate la détermination de ces souverains « de ne prendre pour
règle de leur conduite, soit dans l'administration de leurs États respectifs, *soit dans leurs relations politiques avec tout autre gouvernement,*
que les préceptes de cette religion sainte, préceptes de justice, de
charité et de paix qui, loin d'être uniquement applicables à la vie privée, doivent au contraire influer directement sur les résolutions des
princes... ». D'après l'article 2, « le seul principe en vigueur, soit
entre lesdits gouvernements, soit entre leurs sujets, sera celui de ne se
considérer tous que comme membres d'une même nation chrétienne... ».
L'article 3 déclarait que toutes les puissances qui voudraient solennellement avouer les principes sacrés qui ont dicté le présent acte seraient
reçues avec autant d'empressement que d'affection dans cette *sainte
alliance.*

Chine (1), le Japon, Siam ; le système des légations permanentes s'est même étendu à ces pays qui si longtemps se sont abstenus de tout contact avec la civilisation occidentale.

L'application du droit international à tous les États résulte de ce qui a été dit précédemment sur l'existence d'un droit des gens naturel. Celui-ci règle seul les droits et devoirs respectifs des sociétés qui entrent en rapport, de telle sorte qu'on ne peut recourir ni à des traités formels ni à des usages. Est-ce que les Espagnols qui débarquèrent dans le Nouveau-Monde et massacrèrent les indigènes pour s'emparer de leurs richesses, ne violèrent pas le droit aussi bien que la morale, quoiqu'on ne pût alléguer aucun des éléments du droit des gens positif ?

17. Si le domaine du droit international s'est ainsi étendu, est-ce à dire que partout et toujours les mêmes règles s'appliqueront ? Ce serait exagéré. Il y a des règles qui supposent une certaine identité ou au moins une certaine analogie de civilisation, de mœurs, d'institutions, et auxquelles il sera nécessaire de déroger quand, au lieu de cette identité ou de cette analogie, il y aura une opposition tranchée (2). Il en est ainsi des droits secondaires créés par le voisinage, de longues relations ou des intérêts communs, et précisés par les conventions

(1) Le gouvernement chinois a fait traduire le traité de droit international de Wheaton et il en a invoqué plusieurs fois les principes dans sa correspondance diplomatique.

(2) On comprend, par exemple, que la situation des étrangers puisse être réglée différemment en France, en Turquie ou en Chine.

ou les usages (1). Il n'en est pas de même des droits essentiels qui dérivent de l'existence même d'une société humaine, de son établissement sur un territoire déterminé. Ces droits doivent être respectés dans tous les cas, en l'absence de toute convention, de tout usage (2). On ne peut malheureusement dire qu'il en ait toujours été ainsi. Trop souvent les nations dites civilisées ont abusé de leur puissance à l'égard de peuples soi-disant barbares, leur ont déclaré des guerres injustifiables

(1) Les rapports des puissances européennes avec la Chine et le Japon ont un caractère tout particulier : bien qu'ils ne soient plus simplement accidentels et arbitraires, ils ne sont pas fondés sur la réciprocité, mais sur ce que Holtzendorff appelle ingénieusement *Zweiseitigkeit*. Chacun des pays contractants suit un système différent à l'égard de l'autre. Nous ouvrons notre territoire largement à tout le monde, tandis que les États dont il s'agit n'acceptent de relations que dans des limites étroitement déterminées, en dehors desquelles reparaît l'ancien esprit d'exclusion absolue.

(2) V. Bluntschli, *le Droit international codifié*, art. 7 et 8. — Le chancelier Kent a bien exprimé les deux idées auxquelles nous faisons allusion dans le texte : Le droit international, en tant qu'il est d'accord avec les principes de justice, de vérité, d'humanité, est également obligatoire dans tous les temps et tous les lieux. Mais les nations chrétiennes de l'Europe et leurs descendants de l'autre côté de l'Atlantique, par la supériorité de leurs talents dans les arts, les sciences et le commerce, comme dans la politique et le gouvernement, et, avant tout, par la lumière plus abondante, les vérités plus certaines et la sanction plus définie que le christianisme a communiquées à la doctrine morale des anciens, ont établi un système juridique qui leur est propre. Elles forment une communauté de nations unies par la religion, les coutumes, la morale, l'humanité, la science, et unies aussi par les avantages mutuels des rapports commerciaux, par l'habitude de former des alliances et des traités les unes avec les autres, de s'envoyer des ambassadeurs, d'étudier et de reconnaître les mêmes écrivains et les mêmes théories de droit public. (*Commentary on International Law*, édit. Abdy 1866, p. 11.)

et ont violé les règles les plus élémentaires du droit des gens (1).

18. Si le domaine du droit international a été étendu quant aux États dont il est appelé à régler les relations et si on doit applaudir à cette extension, il ne faudrait pas demander une autre extension quant aux objets qu'il comprend. C'est des rapports entre États que s'occupe le droit international et c'est à ces rapports qu'il doit borner son action. Il doit s'abstenir de s'immiscer dans les affaires intérieures de ces États, sans quoi l'indépendance et la souveraineté des nations ne sont plus que des chimères. Dès qu'un État observe les règles du droit dans ses rapports avec les autres États, il doit pouvoir se gouverner et s'administrer comme il l'entend, sans que d'autres États aient la prétention de lui imposer des lois sur des matières qui ne les regardent pas. Suivant Bluntschli (2), « il n'est pas impossible que le « droit international devienne moins timide à l'avenir,

(1) Woolsey, *op. cit.*, § 5, dit que les États chrétiens, dans leurs rapports avec des tribus sauvages ou à demi civilisées, ou même avec des nations d'un niveau plus élevé, mais vivant en dehors de leur forme de civilisation, ont en général agi d'après le principe qu'il n'y a pas de lien commun d'obligation, observant autant de droit international que cela convenait à leur politique ou à leur sentiment du droit. — Sur ce point, que je ne fais qu'indiquer, voir notamment *Revue de droit international*, 1875, p. 657 et 659. On trouvera également des développements intéressants dans un ouvrage du professeur russe J. Martens, traduit en allemand sous le titre de *Das Consularwesen* (1 vol. in-8, Berlin, 1874); le paragraphe 1ᵉʳ de l'Introduction est intitulé *Begriff der internationalen Gemeinschaft*. — L'Institut de droit international a ouvert une enquête à ce sujet. V. *Annuaire de l'Institut*, 1878, p. 130 et 131.

(2) *Le Droit international codifié*, introduction, p. 19.

« et qu'on se croie autorisé à intervenir lorsqu'un État
« ne respecte pas suffisamment les lois de l'humanité ;
« il en serait alors à peu près comme dans les États fé-
« dératifs, où le pouvoir central garantit aux citoyens
« certains droits, et intervient lorsqu'un État ou Can-
« ton ne les respecte pas. » Je ne conteste pas que cela
ne puisse arriver, mais je pense que ce n'est pas désirable, parce que la pente serait glissante ; toutes les in-
terventions pourraient ainsi être motivées. Dans certains
États fédératifs, comme la Suisse, les États-Unis d'Amérique, le Pacte fédéral garantit une constitution répu-
blicaine aux membres de la Confédération. Rien n'em-
pêcherait d'en arriver là une fois qu'on aurait franchi
les limites de la sphère naturelle du droit international.
La proclamation de la Convention nationale (1), qui a
soulevé de si vives protestations au nom du droit des
gens, pourrait donc être défendue ; un peuple peut de
très bonne foi être convaincu qu'il y a une violation
scandaleuse des droits individuels quand les citoyens
ne sont pas appelés à décider de leur sort, à participer
à la gestion des affaires publiques, et qu'il est de son

(1) « La Convention nationale déclare, au nom de la nation française,
« qu'elle accordera fraternité et secours à tous les peuples qui vou-
« dront recouvrer leur liberté, et charge le pouvoir exécutif de donner
« aux généraux les ordres nécessaires pour porter secours à ces peuples
« et défendre les citoyens qui auraient été vexés ou qui pourraient l'être
« pour la cause de la liberté. Le présent décret sera traduit et imprimé
« dans toutes les langues. » Déclaration du 19 novembre 1792. Phillimore (op. cit., I, p. 469) dit qu'on ne peut concevoir de violation plus
grossière du principe fondamental du droit des gens que cette déclaration barbare et sans précédent.

devoir de faire tous ses efforts pour que cet abus disparaisse. J'insiste parce que cette tendance à sortir du domaine du droit national est d'autant plus dangereuse qu'elle vient souvent de sentiments très généreux qui font illusion sur la légitimité du droit qu'on prétend exercer. Ainsi le Congrès de Berlin a soumis la reconnaissance du Monténégro, de la Serbie et de la Roumanie comme États indépendants à la condition suivante : « La distinction des croyances religieuses et des « confessions ne pourra être opposée à personne comme « un motif d'exclusion ou d'incapacité en ce qui con- « cerne la jouissance des droits civils et politiques, « l'admission aux emplois publics, fonctions et hon- « neurs, ou l'exercice des différentes professions et in- « dustries, dans quelque localité que ce soit. — La « liberté et la pratique extérieure de tous les cultes « seront assurées à tous les ressortissants au Monténégro, « à la Serbie et à la Roumanie, aussi bien qu'aux « étrangers, et aucune entrave ne pourra être apportée « soit à l'organisation hiérarchique des différentes « communions, soit à leurs raports avec leurs chefs « spirituels (1). » Je n'ai pas à examiner si ces principes sont ou non justes en eux-mêmes, s'ils n'entraîneront pas des difficultés dans l'application, si des tempéraments ne seraient pas nécessaires pour tenir compte des conditions spéciales, politiques, morales ou économiques de chaque pays. Je soutiens seulement qu'un

(1) Traité de Berlin du 13 juillet 1878, art. 27, 35 et 44.

congrès n'est pas compétent pour trancher de pareilles questions. Jamais on n'a indiqué une pareille condition parmi celles qui étaient exigées pour la constitution d'un nouvel État. Si la Serbie, le Monténégro et la Roumanie réunissent les éléments essentiels qui font les États souverains, ils doivent être reconnus comme tels, quelle que soit leur manière de voir en ce qui touche la liberté religieuse, l'accessibilité des habitants aux fonctions publiques, etc. Ces trois États vont certainement mettre leur législation en conformité avec les désirs du congrès, mais des embarras surgiront nécessairement. Qu'une mesure de police doive être prise par exemple à l'égard de telle ou telle manifestation religieuse, les individus qui en auront été l'objet recourront à l'intervention des puissances qui vont donc exercer un contrôle permanent sur l'administration intérieure de ces pays. Est-ce que, s'il prenait fantaisie à l'Espagne de supprimer la liberté religieuse, qui est de date récente chez elle, de décider que les catholiques seuls auront des droits politiques et pourront pratiquer librement leur culte, les puissances retireraient immédiatement le titre d'État souverain à l'Espagne? Y a-t-il bien longtemps que, dans la libre Angleterre, la distinction des croyances religieuses n'est plus opposée à personne comme un motif d'exclusion ou d'incapacité en ce qui concerne la jouissance des droits civils et politiques, l'admission aux emplois publics, fonctions ou honneurs? Le congrès de Berlin consacre donc une extension du droit international dans le sens indiqué par Bluntschli, mais, à mon avis, cette extension est loin d'être un progrès.

c. — Division du droit international.

19. J'ai indiqué plus haut (n°s 12 et 13), qu'on distinguait le droit des gens *naturel* et le droit des gens *positif*. Ici je ne parlerai que de la division du droit international en *droit international public* et en *droit international privé* (1). Cette division est très-usitée ; il faut en préciser le sens, d'autant plus que que la ligne de démarcation n'est pas toujours tracée exactement. Je donne aux mots *public* et *privé*, employés ici, la même portée que quand il s'agit du droit interne, et, en conséquence, je dis que le droit international public comprend tous les rapports dans lesquels figure l'État, que l'autre partie soit un autre État, ou un particulier. Le droit international privé règle, comme son nom l'indique, des intérêts privés, des rapports entre particuliers. Je considère donc comme inexacte la définition donnée par Fœlix : « Le droit international « privé comprend les règles suivant lesquelles se jugent « les conflits entre le droit privé des diverses nations « ou les règles relatives à l'application des lois civiles et « criminelles d'un État sur le territoire d'un État étran- « ger (2). » La loi criminelle ne rentre pas dans le droit

(1) On dit aussi, mais moins souvent, *droit des gens public* et *droit des gens privé*.

(2) *Traité du droit intern. privé*, I, n° 1. — Dans une intéressante leçon sur les *Bases théoriques du droit international privé* (*Journal du*

privé : ce qu'il y a de plus singulier, c'est d'y faire rentrer l'extradition, qui suppose, dans chaque cas particulier, une négociation diplomatique et un arrangement
entre les gouvernements des deux États intéressés. Si on
veut mettre à part toutes les questions dans lesquelles
il n'y a pas deux États en cause, on peut distinguer le
droit international général et le *droit international
particulier* : celui-ci comprendra l'application du droit
pénal et du droit privé, les règles de l'extradition.

20. Le droit international privé a pour but de régler
le conflit des lois privées. Ce conflit a existé longtemps
dans l'intérieur de chaque État et il existe encore dans
les États qui ne sont pas arrivés à l'unité législative.
Dans notre ancienne France, où des coutumes nombreuses et le droit romain se partageaient le territoire,
la question de savoir quelle règle était applicable dans
un cas donné se présentait fréquemment et n'était pas
toujours facilement résolue. Ainsi un Parisien pouvait
avoir des biens en Normandie, en Bourgogne; quelles
règles déterminaient la transmission de ses biens entre
vifs ou à cause de mort? Par exemple, pour le testament, fallait-il tenir compte du domicile du testateur,

---

droit international privé, 1878, p. 225-235), M. Ch. Brocher, indiquant
le champ d'application de cette branche du droit, dit également : « Tout
« ce qui tient au droit privé, droit civil dans le sens large du mot,
« y rentre naturellement au triple point de vue du fond, de la procé-
« dure et des jugements. *Il en est de même du droit pénal, de la pro-
« cédure et des jugements s'y rapportant, bien que les questions d'ordre
« public y jouent un rôle plus considérable.* » Bar, qui a traité les
mêmes matières, a intitulé plus justement son ouvrage : *Das internationale Privatund Strafrecht.* 1 vol. in-8°, 1862.

du lieu où le testament avait été fait, de la situation et de la nature des biens? Toutes ces questions et une multitude d'autres analogues ont été supprimées par l'unité législative dont nous sommes redevables à la révolution de 1789. Seulement aujourd'hui les relations entre les différents pays étant plus faciles et plus multipliées que n'étaient autrefois les relations entre provinces d'un même État, ces questions se présentent sous un autre aspect. Des étrangers viennent en France, des Français vont à l'étranger; les uns et les autres contractent, acquièrent ou aliènent des biens dans un pays qui n'est pas le leur. Quelle loi régira leurs actes? Voilà le problème que le droit international privé se propose de résoudre. Il faut bien remarquer qu'il ne suppose pas nécessairement en présence deux individus de nationalité différente : deux Français se marient à l'étranger : pour apprécier la validité de ce mariage, faut-il se préoccuper uniquement de la loi française ou de la loi étrangère? Ne faut-il pas les combiner l'une et l'autre (1) ?

21. Le droit international privé ne se distingue pas seulement du droit international public par la nature des rapports qu'il régit. Il y a une autre différence

---

(1) M. E. Haus a publié un livre intitulé : *Du droit privé qui régit les étrangers en Belgique ou du droit des gens privé*, Gand, 1874. L'assimilation entre les deux expressions nous paraît inexacte, puisque des questions rentrant dans le droit des gens privé peuvent se présenter en Belgique uniquement pour des Belges. C'est ainsi que, pour ne prendre qu'un exemple, l'auteur se préoccupe de l'application de la maxime *Locus regit actum* en ce qui concerne les Belges, n°ˢ 83 et 89, 2°.

importante. Certaines règles du droit international public peuvent être consignées dans la législation des différents États, et elles peuvent être mises à exécution par leurs tribunaux (lois sur la piraterie, la neutralité, l'extradition, les tribunaux de prises, etc.). Mais il n'en est ainsi que dans des cas assez rares. Au contraire, les difficultés soulevées par les conflits des lois privées sont du ressort des tribunaux comme tous autres procès ; les tribunaux français connaîtront, par exemple, de la validité de contrats passés en France par des étrangers ou de la dévolution de successions laissées par des étrangers. Souvent les Codes de droit privé posent au moins les règles essentielles de cette matière, qui s'éloigne donc moins du droit interne proprement dit que le droit international public au point de vue soit de sa réglementation, soit de son application (1).

Il ne faut pas croire toutefois qu'il résulte de là que les conflits entre les lois privées des États reçoivent facilement des solutions définitives. Sans doute, ils peuvent être prévus par telle loi, donner lieu à un débat judiciaire comme toute autre contestation, mais la décision du tribunal saisi sera-t-elle acceptée partout où il y aura intérêt à l'invoquer ? Un tribunal dépendant d'une autre souveraineté pourra examiner la question

---

(1) Bentham n'appliquait le mot *international* qu'aux rapports entre les souverains ou entre les États. « Les contestations qui peuvent « s'élever entre des individus qui sont sujets de différents États doi- « vent être réglées par les lois internes et jugées par les tribunaux « internes de l'un ou de l'autre État. »

à un autre point de vue, non seulement apprécier autr
ment les faits, mais adopter une règle tout opposé
Aussi on a vu récemment une femme française, s
parée de corps, se faire naturaliser à l'étranger, pi
divorcer et se remarier. Tout cela est considéré comi
régulier dans le pays où cela a eu lieu ; en France, n
tribunaux, et avec grande raison suivant nous, o
admis que ces divers actes étaient entachés de nullil
Voilà donc une femme légitimement remariée da
un pays, adultère et bigame dans un autre. Cela vie
de ce que nous avons en présence deux souverain
tés indépendantes entre lesquelles il n'y a pas de :
commune. C'est un résultat déplorable qu'on ne pour
éviter que quand la science aura de plus en plus creu
ce problème de la conciliation des diverses législatio
et ainsi préparé la voie à la diplomatie qui fera des co
ventions destinées à établir des règles communes. Ce
quoi il faut viser surtout, ce n'est pas à l'uniformi
des lois dans tous les pays, ce qui est chimérique et p
désirable (1), mais à l'établissement de règles fixes po

---

(1) L'uniformité supposerait qu'il y a entre les peuples identité
mœurs, de traditions, d'intérêts, puisque la législation doit tenir com
de ces divers éléments. Seulement il y a des parties de la législation
ces éléments ne sont qu'accessoires et où on comprend l'établissem
de règles sinon identiques, du moins très analogues dans différents pa
comme le droit des obligations, le droit commercial. Pour ce derni
voir une étude intéressante de M. Ch. Le Touzé intitulée : *D'un pro*
de Code de commerce international (Journal des économistes, août 186
Comme on le voit, on demande quelquefois une législation *intern*
tionale pour désigner une législation *uniforme*. Il y a un lien· èni
les deux idées en ce sens qu'on ne peut obtenir l'uniformité compli
que par un accord international. Il ne faut toutefois pas les confondi

les conflits qui peuvent s'élever. Il faut que, dans un cas donné, les intéressés puissent savoir quelle loi ils doivent observer pour agir valablement, sans que la détermination de cette loi puisse dépendre du hasard qui soumettra leur acte à tel ou tel tribunal (1).

22. On fait rentrer ordinairement dans le droit international privé les règles sur la condition des étrangers, sur leur aptitude à être propriétaires, à succéder, etc. Ces règles sont posées soit par la législation de chaque pays, soit par des conventions internationales (traités de commerce, traités d'établissement). Il faut les examiner avant de constater s'il y a ou non un conflit entre les lois de deux États. Un étranger meurt laissant des biens en France ; avant de rechercher d'après quelle loi sera dévolue sa succession, il faut savoir s'il a pu la transmettre ; l'existence du droit d'aubaine ne laisserait pas discuter la question de savoir si, pour suppléer ou limiter la volonté du défunt, il faut s'attacher à sa loi nationale, à la loi de son domicile ou à la loi du pays où sont situés les biens. Du reste, dans la plupart des pays, la condition des étrangers, au point de vue du droit privé, tend à se rapprocher de plus en plus de celle des nationaux, bien que peu de législations aient formulé un principe aussi absolu que le Code civil italien dont l'article 3 est ainsi conçu : « L'étranger est admis à jouir des « droits civils attribués aux citoyens. »

(1) Voyez Laurent, *Études sur le droit international privé* (Journal du droit international privé, 1878, p. 309-344), spécialement les nᵒˢ 3 et 4, où il signale les incertitudes et les contradictions qui existent actuellement en cette matière.

II. — DES SOURCES DU DROIT INTERNATIONAL.

23. Le droit international étant destiné à régir les rapports des États qui sont également souverains et indépendants, on comprend qu'il n'ait pas pu, comme les autres branches du droit, être l'objet d'une codification qui supposerait ou une autorité supérieure commune ou une entente parfaite entre tous ceux auxquels la règle doit s'appliquer : la première condition n'existe pas, la seconde est bien difficile, pour ne pas dire impossible, à réaliser. Il s'agit donc de savoir où l'on peut trouver les manifestations du droit international; nous ne nous occupons, bien entendu, que du droit positif, du droit tel qu'il est pratiqué communément. Pour le droit naturel, c'est à l'aide de la raison, de l'examen des rapports entre les États qu'on peut en trouver les règles, en s'aidant des principes admis dans le droit privé et en n'oubliant jamais de tenir compte de la grande différence qui existe entre le droit international et le droit interne au point de vue des personnes auxquelles ils s'appliquent (1).

24. Quand on parle des sources du droit international, il faut bien distinguer suivant qu'on en a vue le droit international général, c'est-à-dire commun à tous les États, ou du moins au plus grand nombre d'entre eux, et le droit international particulier à quelques États. La communauté de droit qui, dans une certaine me-

---

(1) Voir à ce sujet Phillimore, *op. cit.*, I, § 34.

sure, existe entre tous les États, comme il a été dit plus haut (n⁰ˢ 16 et 17), est plus étroite entre États voisins, dont les habitants ont le même fonds commun d'idées, le même développement intellectuel et moral. Ils peuvent donc dans leurs rapports respectifs admettre des règles qu'ils écarteront dans leurs rapports avec d'autres États se trouvant dans des conditions toutes différentes. Nous reviendrons sur cette idée.

25. On peut dire que la source unique du droit international positif est le consentement des nations, puisque celles-ci ne peuvent subir que les règles qu'elles ont acceptées. Nous ne voulons pas dire par là que ce soit leur volonté qui crée le droit, et qu'elles sont libres de se conduire comme elles l'entendent, sans tenir compte des préceptes de la raison naturelle. Nous ne constatons qu'un fait. Ce consentement des nations, il s'agit de le rechercher. Tantôt il se révèle par des déclarations expresses et formelles, tantôt il s'induit seulement des faits, de l'usage ; c'est la distinction du droit international écrit et du droit international coutumier. Les documents dans lesquels on peut trouver les manifestations du droit des gens positif sont nombreux et les publicistes ne s'accordent pas sur leur classification et sur leur importance respective. Nous allons les énumérer en indiquant le genre d'utilité qu'ils peuvent procurer.

a. — Des traités internationaux.

26. J'entends ici par traité international tout accord intervenu entre deux ou plusieurs États, quel que puisse

être son objet, quel que soit le nom qu'on lui donne, et de quelque manière qu'il soit constaté (*traité, convention, protocole, déclaration commune, échange de déclarations unilatérales*). On comprend la grande importance d'actes de ce genre qui donnent aux règles qui y sont contenues un caractère tout spécial de fixité et de précision.

Les traités, au point de vue des dispositions qu'ils renferment, peuvent être divisés en deux catégories (1).

27. Certains traités ont pour but de régler la situation politique ou territoriale de deux ou plusieurs États, de terminer des différends qui se sont élevés entre eux, etc. On peut citer, comme rentrant dans cette catégorie, les traités de paix, d'alliance; les conventions qui fixent les limites des États, qui établissent sur l'un une servitude au profit de l'autre ; les règlements d'indemnité pour dommages causés par des personnes dont l'État doit répondre, etc. On comprend qu'en général de pareils traités ne soient conclus qu'entre deux États parce qu'il s'agit d'intérêts particuliers. Ce n'est que dans des circonstances exceptionnelles, par exemple, à la suite d'une guerre générale, ou quand il s'agit de modifier une situation qui n'intéresse pas seulement les États directement engagés dans la question, que l'on voit intervenir un assez grand nombre d'États. C'est ce qui est arrivé en 1648 pour le traité de Westphalie qui a mis

---

(1) Sur toute cette matière, on consultera avec fruit l'ouvrage suivant : *Staatsverträge und Gesetze als Quellen des Völkerrechts* par C. Bergbohm, Dorpat, 1877.

fin à la guerre de Trente ans dans laquelle la plupart des puissances de l'Europe avaient été impliquées ; en 1815, pour les traités de Vienne qui ont réglé la situation créée par la longue lutte soutenue par la France contre presque toute l'Europe. C'est enfin ce qui vient d'arriver cette année même pour le traité de Berlin amené par une guerre dans laquelle la Russie et la Turquie étaient seules parties, mais dont les résultats intéressaient toute l'Europe à raison du déplacement d'influence qui pouvait résulter des changements territoriaux de l'Empire ottoman.

Les traités dont nous parlons contiennent peu de règles proprement dites ; les diplomates qui sont chargés de les négocier et de les rédiger s'occupent uniquement de mettre fin aux difficultés qui ont été soulevées sans poser de principes généraux. Cela n'empêche pas que ces traités puissent supposer des règles importantes s'ils ne les expriment pas, ou même, par exception, dire quelles règles seront appliquées dans des cas analogues. Ainsi le traité du 8 mai 1871 par lequel la Grande-Bretagne et les États-Unis ont réglé diverses difficultés pendantes entre les deux puissances, spécialement la question dite de l'*Alabama*, nomme un tribunal arbitral, dit quels principes devront guider ce tribunal dans l'examen de l'affaire qui lui est soumise et ajoute que les mêmes principes seront à l'avenir observés par les deux puissances (1).

---

(1) « En décidant les difficultés qui leur seront soumises, les arbitres « seront guidés par les trois règles suivantes, dont les hautes parties

28. D'autres traités ne sont pas relatifs à une affaire déterminée, à une liquidation du passé, ils regardent l'avenir, ils posent des règles sur certains rapports internationaux. Les traités de la première espèce se rapprochent davantage des contrats que font les particuliers ; les traités de la seconde espèce ressemblent, au contraire, plus à des lois, les États contractants jouant le rôle de législateurs (1). On comprend ici l'intervention d'un plus grand nombre d'États puisqu'il s'agit non pas de régler une affaire particulière, mais de s'entendre sur un principe abstrait. On a du reste, en ce siècle surtout, employé un procédé commode pour généraliser de plus en plus des règles considérées comme utiles. Il ne serait pas facile de réunir les représentants d'un grand nombre d'États et de les faire délibérer sur le point en question. Un certain nombre de puissances s'entendent, adoptent d'abord pour elles-mêmes une résolution, puis la proposent à l'acceptation des autres puissances ; l'adhésion de celles-

« contractantes conviennent de faire une application spéciale à cette « question, et par les principes du droit des gens qui ne seront pas « incompatibles avec elles et que les arbitres considèreront comme « applicables dans l'espèce..... Les H. P. C. s'engagent à observer ces « règles dans leurs rapports réciproques à l'avenir et à les porter à la « connaissance des autres puissances maritimes en les invitant à y « adhérer. » Art. 6 du traité de Washington. On voit que deux grandes puissances, qui sont connues pour se gouverner d'après des vues très politique et très pratiques, reconnaissent de la manière la plus espresse qu'il y a des *principes du droit des gens*, quoique ces principes ne soient pas consignés par écrit.

(1) Bergbohm (*op. cit.*) distingue les traités qui contiennent *Rechtsgeschäfte* et où les États sont *rechtssubjecte* et les traités qui contiennent *Rechtssätze* et où les États sont *rechtbildende Factoren*.

ci les fait considérer comme ayant été parties à la convention primitive. C'est ainsi que la déclaration de Paris sur le droit maritime du 16 avril 1856 a été acceptée par presque toutes les puissances, sauf par les États-Unis, le Mexique et l'Espagne ; que la convention de Genève du 22 août 1864 *pour l'amélioration du sort des militaires blessés dans les armées en campagne*, que la déclaration de Saint-Pétersbourg du 4/16 novembre 1868 *sur les balles explosibles* forment le droit commun des peuples civilisés. Dans un ordre d'idées différent et purement administratif, nous voyons l'Union télégraphique (formée à Paris en 1865 et renouvelée en dernier lieu à Saint-Pétersbourg en 1875), et l'Union postale (traités de Berne et de Paris, 1874 et 1878) comprendre presque tous les États du monde entier.

29. Quel est le rôle des traités dans la formation du droit international ? Il y a des distinctions à faire : pour les États qui y sont parties, le traité est obligatoire comme un contrat et nous croyons qu'il est dangereux de faire comme certains auteurs et de distinguer les traités de la première, et ceux de la seconde catégorie, les premiers pouvant être rapprochés des contrats ordinaires entre particuliers, les seconds n'étant que des déclarations de volonté que chacun des déclarants peut retirer à son gré (1). Il serait par trop commode à un État de demander l'application de telle déclaration quand il y a avantage et de l'écarter dans le cas contraire ; par exemple : un État se prévaudrait de la déclaration de

_____

(1) Voir ce que dit Bergbohm à ce sujet, *op. cit.*, p. 88 et suiv.

Paris, quand il serait neutre, et l'écarterait, quand il serait belligérant. Il faut remarquer, à l'honneur de l'Angleterre, que malgré les protestations qui se sont élevées à plusieurs reprises contre certaines règles adoptées
en [1856 et qui étaient contraires à celles qu'elle avait
toujours professées, les pouvoirs publics ont toujours considéré que la déclaration était obligatoire (1). La Russie,
au moment où elle était menacée d'une guerre avec
l'Angleterre, cas où elle aurait souffert de l'abolition de
la course, n'a pas indiqué qu'il lui suffirait de dire
qu'elle retirait sa signature apposée en 1856. Nous ne
disons pas qu'on n'ait pas songé, dans le public au
moins, à tourner, le cas échéant, une règle regardée
comme gênante, mais cela prouve qu'on ne pensait pas
qu'on pût l'abroger à son gré (2).

30. Pour les États qui ne sont pas intervenus au

---

(1) Voir p. ex., la discussion qui a eu lieu à la Chambre des communes le 13 avril 1875.

(2) Dans la première séance de la conférence qui s'est tenue à Londres en 1871 pour la révision du traité du 30 mars 1856 en ce qui concerne les restrictions apportées aux droits souverains de la Russie,
« les plénipotentiaires de l'Allemagne, de l'Autriche-Hongrie, de la
« Grande-Bretagne, de l'Italie, de la Russie et de la Turquie recon-
« naissent que c'est un principe essentiel du droit des gens qu'aucune
« puissance ne peut se délier des engagements d'un traité, ni en mo-
« difier les stipulations, qu'à la suite de l'assentiment des parties con-
« tractantes, au moyen d'une entente amicale. » *Protocole* du 17 janvier 1871. Le plénipotentiaire de France a signé ce protocole aussitôt
après son arrivée à Londres. Le principe est posé dans des termes
généraux qui ne permettent pas la distinction qu'on voudrait faire. Sir
Travers Twiss l'applique formellement à la Déclaration de Paris. (*The
Law of nations : on the rights and duties of nations in time of war*,
2ᵉ édit., 1875. Introduction.)

traité et même pour ceux qui y sont intervenus, dans leurs rapports avec les premiers, le traité ne saurait avoir cette valeur obligatoire ; il a alors seulement l'importance de la constatation d'un fait, à savoir l'accord de deux ou plusieurs États sur un point donné (1). On peut alors comparer entre eux les traités relatifs à un même objet pour en faire ressortir les ressemblances et les différences; on arrive par là à constater le droit commun des rapports internationaux d'un État donné, puis même d'un certain nombre d'États. Ainsi, en prenant les divers traités de commerce et de navigation conclus par la France, on extraira les règles générales observées par elle dans ses rapports avec des États quels qu'ils soient ; il y aura sur des points de détail des différences qui tiennent à des circonstances particulières. Ce travail peut être fait non seulement pour un État déterminé, mais pour un ensemble d'États unis par des rapports réguliers anciens. Les traités tendent à s'uniformiser de plus en plus parce que chacun s'approprie les améliorations réalisées ailleurs. Si nous prenons, par exemple, les différents traités conclus par les États de l'Europe et de l'Amérique sur la matière de l'extradition, on trouvera sans doute des différences tenant no-

(1) Il peut y avoir une adhésion tacite équivalant à une adhésion expresse ; par exemple, le *Règlement concernant le rang des agents diplomatiques entre eux* arrêté à Vienne le 19 mars 1815 et complété à Aix-la-Chapelle le 21 novembre 1818, n'est intervenu qu'entre huit puissances. Toutes les autres l'ont accepté sans difficulté. — Il ne peut être question ni de majorité ni de minorité, mais, en fait, l'accord de plusieurs États, quelquefois d'une minorité, aura une grande influence sur les résolutions des autres.

tamment aux différences des législations criminelles, mais aussi des règles identiques qui forment un fonds commun de sorte qu'il sera possible d'édifier une théorie du droit international positif sur l'extradition. Ce qui vient d'être dit s'appliquerait également, au moins pour les États de l'Europe, à la matière de la propriété littéraire et de la propriété industrielle.

Il va sans dire que le résultat auquel on arrive par le travail précédent a un intérêt théorique et scientifique plutôt que pratique en ce sens que, dans un cas donné, c'est évidemment le traité particulier directement applicable qu'il faut consulter sans se préoccuper des règles renfermées dans d'autres traités (1). Le droit commun n'en est pas moins très utile à connaître ; il sert à apprécier les divers traités, même à les interpréter ; une clause étant douteuse, elle devra être entendue dans le sens qui se rapproche le plus des clauses généralement admises (2).

(1) C'est probablement tout ce qu'entend Neumann (*Grundriss des heutigen Völkerrechts*, § 2) quand il dit que c'est seulement d'une manière impropre et figurée, en tout cas extensive, qu'on peut appeler *Völkergesetze* les dispositions des traités et que c'est se donner une peine inutile que d'extraire des nombreux traités un droit des gens positif prétendu général. Sans doute il ne faut pas exagérer l'importance de telle ou telle disposition conventionnelle, mais nous comprenons que l'on édifie sur les traités un droit international commun exactement comme en France autrefois, en Allemagne encore aujourd'hui, on peut faire un *Droit privé commun*. V. en ce sens, Bergbohm, *op. cit.*

(2) Très souvent on est porté à exprimer un certain dédain pour les stipulations des traités parce qu'on les considère comme toujours imposées par une puissance victorieuse à une puissance vaincue. Dans la leçon d'ouverture du cours du *Droit de la nature et des gens* qu'il professe au Collège de France, M. A. Franck disait, il y a quelques jours :

b. — Des usages ou de la pratique internationale.

31. L'usage a une grande importance dans toutes les branches de la législation, mais surtout là où il n'y a pas de codification, comme dans les rapports internationaux. Il prouve, quand il est ancien et répété, un accord tacite qui vaut comme un accord exprès, tant qu'une volonté contraire n'est pas exprimée. Jusque-là, on a le droit de compter sur la persistance d'un usage bien établi. Ainsi, à la rigueur, un État pourrait déclarer

« Le droit international, non pas idéal, mais positif et réel, est direc-« tement ou indirectement l'œuvre de la force, c'est la loi que le plus « fort impose au plus faible. » Et à l'appui de ce principe général, l'éloquent professeur ajoutait : « Il y a deux espèces de traités dans « lesquelles se résument tous les autres. Ii y a les traités que le vain-« queur, après la fin de la guerre ou pour en amener le terme, conclut « seul à seul avec le vaincu. Il y a les traités qui, après une guerre plus « ou moins menaçante pour des puissances jusqu'alors restées neutres, « sont l'œuvre collective d'un congrès. » M. Franck n'a pas de peine à démontrer que, dans les deux cas, la force joue un rôle prépondérant, mais il restreint beaucoup trop le domaine du droit conventionnel. J'ai montré dans le texte qu'il y a bien d'autres traités que les traités de paix. M. Franck reconnaît du reste plus loin que des règles utiles peuvent se trouver consignées dans les traités, mais, suivant lui, « des « idées et des principes font leur chemin tout seuls. Les actes diplo-« matiques les subissent et ne les créent pas. Ils leur empruntent en « partie l'autorité dont ils ont besoin, ils ne leur en donnent pas. » Je pense que des actes diplomatiques ne créent pas le droit, mais je suis bien convaincu en même temps qu'ils lui donnent une grande force, qu'ils le font passer du domaine de la spéculation dans celui de la pratique et il faut être reconnaissant envers les diplomates quand ils prennent à tâche de consacrer les principes établis par les philosophes et les publicistes. La leçon de M. Franck, pleine d'idées élevées élo-quemment exprimées, a été reproduite par le *Journal des Débats* du 5 décembre 1878.

qu'il ne recevra plus d'ambassadeurs, mais, s'il en reçoit, il leur doit les immunités d'usage (1).

Pour constater l'usage, il faut consulter l'histoire, soit l'histoire générale, soit l'histoire des traités et des négociations de toute sorte. On y trouvera soit l'explication des traités, soit des idées échangées sur tel ou tel point de droit international, soit des faits prouvant l'application de certaines règles. Il faut y faire rentrer l'étude de tous les actes diplomatiques qui ne constituent pas des traités, comme les circulaires des gouvernements, les notes échangées, les procès-verbaux des congrès ou conférences. Les gouvernements ont pris l'habitude de publier régulièrement leur correspondance diplomatique pour mettre le parlement et le pays en état de juger leur politique extérieure (2). Il ne faut évidemment pas accepter sans réserve l'autorité de ces documents, parce qu'il est à penser qu'ils ont été rédigés en vue de la publicité et qu'ils ne disent pas tout (3). Ils n'en fournissent pas moins des renseignements fort utiles.

(1) Phillimore, *op. cit.*, § 42.

(2) On est dans l'usage de désigner le livre qui contient la correspondance diplomatique de chaque pays par la couleur de sa couverture ; ainsi on a le *livre jaune* français, le *livre bleu* anglais, le *livre vert* italien, le *livre rouge* autrichien, etc. C'est à partir de 1860 que le gouvernement impérial français avait commencé à publier des *documents diplomatiques*. La publication a été à peu près régulière de 1860 à 1869. A partir de 1867, il y avait, en tête du recueil des documents de l'année, un exposé général des affaires politiques et commerciales. Depuis 1870 il n'y a eu que des publications intermittentes et toutes, sauf en 1873, relatives à un objet déterminé, comme le canal de Suez, la réforme judiciaire en Égypte, la question d'Orient.

(3) Le 22 avril 1869, M. de Bismarck interpellé au *Reichstag* de l'Alle

c. — De la législation et de la jurisprudence des États.

32. Un État ne peut pas faire la loi aux autres États, ni leur imposer sa manière de voir, mais il peut tracer des règles à ses fonctionnaires ou à ses tribunaux en s'inspirant des principes de la justice et du droit commun; ainsi il donnera des instructions sur la conduite que devront tenir ses armées ou ses flottes en temps de guerre (1), il rendra des ordonnances sur les *prises maritimes*, il prendra les mesures nécessaires pour que ses ressortissants se conforment à la déclaration de neutralité qu'il aura faite. Ce sont les exemples les plus saillants; mais, pour les relations normales, on trouve dans les différentes branches de la législation de chaque pays des règles qui intéressent le droit international public ou privé. Ainsi le *Droit public* détermine la représentation de l'État à l'extérieur, l'autorité qui est chargée de déclarer la guerre, de faire la paix, de conclure des traités. Le *Droit civil* pose des règles sur la condition des étrangers, le conflit des lois privées. Le *Droit pénal* délimite l'empire de la loi criminelle quant aux per-

---

magne du Nord sur l'utilité qu'il y aurait à publier la correspondance diplomatique, s'éleva vivement contre l'usage des *Livres-Bleus*. Leur introduction augmenterait beaucoup la besogne du ministère des affaires étrangères. « Je serais obligé, dit-il, d'écrire des dépê- « ches de deux façons sur le même sujet, telles d'abord qu'elles « devraient être pour avoir leur valeur pratique dans la diplomatie, « telles ensuite que je me proposerais de les publier. »

(1) Les ordonnances rendues par la France et la Grande-Bretagne au début de la guerre de Crimée ont frayé le chemin à la *Déclaration de Paris* du 16 avril 1856.

sonnes et au territoire, la *Procédure* enfin pose les règles de compétence dans les cas où sont impliqués des
étrangers et indique si et comment on pourra donner
effet aux actes ou jugements émanés d'autorités étrangères.

Les dispositions auxquelles nous venons de faire allusion ont une importance capitale quand on se place au
point de vue d'un pays déterminé puisqu'elles font loi
pour les autorités et les habitants de ce pays. Elles ont
également un grand intérêt à un point de vue plus général, puisqu'elles permettent de constater d'une manière
authentique les idées des divers peuples sur un certain
nombre de questions ayant un caractère international.
On peut faire alors un travail analogue à celui que nous
avons indiqué plus haut pour les traités, et extraire de
ces lois et ordonnances particulières un certain nombre de principes généralement acceptés. Il est inutile
d'ajouter que ces documents fournissent un argument
décisif contre l'État, qui abandonnerait ensuite les
principes solennellement proclamés par lui.

33. La législation française est pauvre en dispositions de ce genre, surtout en ce qui touche aux questions du droit public international, qui ont été trop
laissées au pouvoir discrétionnaire des autorités
exécutives; c'est ainsi que nous n'avons pas de loi de
neutralité (1), et cependant l'expérience de la Grande-
Bretagne a montré combien il était utile à un pays de

---

(1) Voir à ce sujet l'excellente brochure de M. George Louis, *Des devoirs des particuliers en temps de neutralité*, Paris, 1877.

se mettre à même de remplir ses devoirs internationaux au cas d'une guerre où il garde la neutralité. Nous n'avons pas non plus de loi sur l'extradition, mais un projet a été déposé par le gouvernement le 2 mai 1878. Parmi les documents étrangers, nous en citerons un qui a une importance exceptionnelle, les *Instructions pour les armées en campagne* des États-Unis de l'Amérique du Nord. Elles datent de 1863; elles ont été rédigées par le docteur Lieber et revues par une commission de militaires (1). Chaque pays devrait en avoir d'analogues; surtout dans chaque Code pénal militaire, il devrait y avoir des dispositions précises pour réprimer les faits contraires aux principes reconnus du droit des gens, par exemple les infractions à la Convention de Genève.

34. La jurisprudence des divers pays est utilement consultée comme complément de la législation. Les tribunaux sont fréquemment saisis de questions de droit international privé et peuvent même l'être de questions relatives au droit public (prises maritimes, immunités diplomatiques, piraterie, extradition). Pour chaque pays, les décisions de ses tribunaux ont naturellement une grande autorité. Ce n'est qu'avec réserve qu'il faut invoquer dans un pays la jurisprudence des autres pays, même quand il s'agit de questions à résoudre d'après les principes généralement admis. Il faut voir si, suivant la nature des questions, les juges n'ont pas cédé

(1) Bluntschli les a reproduites à la suite de son *Droit international codifié.*

à des influences plus patriotiques ou nationales que juridiques (1). C'est ainsi que les décisions des cours d'amirauté d'Angleterre, pendant la période de la guerre contre Napoléon, sont souvent excessives dans le sens des droits des belligérants contre les neutres Les précédents judiciaires jouent un grand rôle en Angleterre. Cela tient notamment à la situation élevée qu'y occupent les juges toujours choisis parmi les personnalités éminentes du barreau. Leurs jugements son souvent cités même à l'étranger, notamment en Amérique (2).

35. Les tribunaux *mixtes*, c'est-à-dire composés de juges désignés par deux pays pour résoudre une question internationale, offrent plus de garantie d'impartialité

(1) Phillimore (*op. cit.* 1, n° 57) rapporte un passage dans lequel lord Stowell, qui s'est illustré comme juge de l'amirauté anglaise, tra çait en termes élevés le devoir des cours de prises. L'auteur, qui es lui-même juge d'amirauté, ajoute : on ne peut nier que cette théori ne respire un véritable esprit d'impartialité et de justice, et elle ga rantit, dans une certaine mesure, une pratique conforme de la par de la nation qui la proclame. Un auteur américain, Halleck (*Interna tional Law*, ch. II, § 22) dit : « In great maritime states, which depend for their glory and safety upon their navy, a court will feel, perhap unconsciously, the influence of a national bias in favor of the captor This remark, we think, is particularly applicable to the very able and learned decisions of the British admiralty. » Un auteur anglais, Sheldon Amos, faisant l'éloge de sir W. Scott (depuis lord Stowell) dit que se décisions ont conservé une grande valeur, *in spite of their somewha excessive, though patriotic Gallophobia* (*Lectures on International Law* 1 vol. Londres, 1874, page 12).

(2) Les jugements sont très développés, ils rappellent les précédents la doctrine des auteurs, etc. Quand il y a plusieurs juges, chacu motive son opinion ; voy. par exemple dans le *Journal du Droit in ernational privé*, 1877, p. 161-166, le jugement de sir Robert Phillimore dans l'affaire de *la Franconia*.

que les tribunaux locaux : ils s'inspirent plus directement du droit des gens et moins de tel ou tel droit spécial. Ces tribunaux peuvent être constitués d'une manière permanente, ce qui est rare, ce qui avait lieu quelque-fois pour juger les prises faites en exécution des conventions établissant le droit de visite pour la répression de la traite des noirs. Ils peuvent être constitués pour résoudre un différend particulier, v. p. ex. traité de Washington du 8 mai 1871, art. 1, 12 et 22. Les décisions de ces tribunaux ne fournissent pas beaucoup d'éléments à la science parce que souvent les arbitres se préoccupent moins des principes que des bases de l'arrangement, et évitent les déclarations générales qui pourraient choquer l'une ou l'autre partie.

d. — De la doctrine des jurisconsultes.

36. Certains Etats ont des jurisconsultes attitrés auxquels ils demandent de véritables consultations dans les cas douteux. En Angleterre notamment, les conseillers de la couronne jouent un grand rôle. En France (1), en Italie, il y a près du ministère des affaires étrangères un comité consultatif du contentieux.

(1) Le *Journal officiel* du 8 février 1877 contient un décret instituant près le département des affaires étrangères un comité consultatif du contentieux sous la présidence de M. Dufaure. — Voir dans le *Livre-jaune* de 1867 un avis important du comité du contentieux sur le projet de réforme judiciaire proposé par le gouvernement égyptien, et dans le *Livre-jaune* de 1869 un autre avis du même comité au sujet d'une loi ottomane sur la naturalisation qu'on prétendait, à tort, contraire aux capitulations.

Les auteurs remarquent que les avis ainsi donnés ont
une grande importance, surtout quand ils sont contraires aux désirs du consultant et que celui-ci néan-
moins s'y soumet ; on peut seulement ajouter que rarement on les connaîtra en ce cas (1).

37. Quand nous comprenons la doctrine des jurisconsultes parmi les sources du droit des gens, nous avons
surtout en vue les opinions exprimées par eux sponta-
nément dans des ouvrages. On a dit, avec raison, qu'ils
étaient des témoins des sentiments et des usages des
nations civilisées. Leur autorité s'augmente souvent
de l'importance des fonctions qu'ils exercent ou ont
exercées et qui les ont mis à même de voir de près
les choses dont ils parlent. Ainsi Wheaton, Lawrence,
Calvo, ont occupé de hautes positions dans la diplomatie.
Seulement il faut user encore de plus de réserve à
l'endroit des ouvrages des jurisconsultes ou publicistes que des décisions des tribunaux. L'écrivain est
moins garanti que le juge contre l'influence des passions ou des intérêts de son pays. C'est ce que l'on voit
d'une manière très frappante chez la plupart des auteurs anglais pour tout ce qui regarde les questions de
droit maritime. L'Angleterre, à raison de sa formidable
marine, a une situation exceptionnelle dans le monde.
Cette situation agit naturellement sur l'esprit de ses

(1) Voir cependant un avis du comité du contentieux établi près
le ministère des affaires étrangères d'Italie, rapporté dans les *archives
diplomatiques* 1864, 1, 385 et suiv. Il constate que les autorités ita-
liennes ont eu tort et que réparation est due à la France (aff. de
Aunis).

hommes d'État et de ses publicistes. Précisément à raison de la diversité d'intérêts et de préjugés qui animent les hommes de différents temps et de différents pays, leur accord sur une solution est un grand argument en sa faveur puisqu'il n'a pu être amené que par l'évidence de la vérité. Surtout il est utile de connaître les opinions des jurisconsultes autorisés d'un pays pour apprécier, le cas échéant, les prétentions émises par le gouvernement de ce pays (1).

38. Il n'y a peut-être pas de branche de la législation où le rôle du jurisconsulte soit plus grand et plus utile. L'absence de code, de lois générales précises, l'oblige à rechercher quelles sont les règles observées, à les démêler entre les traités où elles sont souvent plus supposées qu'exprimées, ou assez mal formulées par des rédacteurs plus au fait du langage diplomatique que du langage juridique, ou, ce qui est plus délicat encore, à les faire résulter des faits dont il faut constater le véritable caractère souvent altéré par l'intérêt ou par la passion. Il a toujours à craindre de trop s'asservir à la pratique, de l'accepter pour bonne par cela seul qu'elle est générale, ou au contraire de la juger trop sévèrement au nom des idées théoriques sans tenir compte de la nécessité des choses. Il est récompensé de ses efforts

---

(1) Quant à l'autorité à attribuer à chaque écrivain en cas de désaccord entre eux, il ne peut être naturellement question d'une règle précise. Comme le remarque sir Robert Phillimore, *op. cit.*, § 58, il n'y a, en droit international, rien d'analogue à la *loi des citations*. Il faut tenir compte de la situation de l'écrivain, du temps et du pays où il écrivait, des raisons qu'il invoque, etc.

par les services qu'il peut rendre. La science influe sur
la pratique en l'améliorant et en l'éclaircissant. Les
grands jurisconsultes du droit des gens ne sont pas
seulement des autorités théoriques; leurs idées, expression du développement juridique de leur temps, ont
pénétré dans les traités et les usages, dans la pratique
internationale (1).

39. Depuis quelques années, le développement scientifique du droit des gens a pris une forme particulière
par la fondation de l'*Institut de droit international* qui
a eu lieu à Gand en 1873. Nous ne saurions mieux en
faire comprendre l'importance qu'en rapportant l'art. 1ᵉʳ
de ses statuts : « L'Institut de droit international est
« une association exclusivement scientifique et sans
« caractère officiel. — Il a pour but : 1° de favoriser le
« progrès du droit international, en s'efforçant de de-
« venir l'organe de la conscience juridique du monde
« civilisé ; — 2° de formuler les principes généraux de la
« science, ainsi que les règles qui en dérivent, et d'en
« répandre la connaissance ; — 3° de donner son con-
« cours à toute tentative sérieuse de codification gra-
« duelle et progressive du droit international ; — 4° de
« poursuivre la consécration officielle des principes qui
« auront été reconnus comme étant en harmonie avec
« les besoins des sociétés modernes ; — 5° de travailler,
« dans la limite de sa compétence, soit au maintien de
« la paix, soit à l'observation des lois de la guerre ; —

_____

(1) Neumann, *op. cit.*, § 2.

« 6° d'examiner les difficultés qui viendraient à se pro-
« duire dans l'interprétation ou l'application du droit
« et d'émettre, au besoin, des avis juridiques motivés
« dans les cas douteux ou controversés ; — 7° de con-
« tribuer par des publications, par l'enseignement pu-
« blic et par tous les autres moyens, au triomphe des
« principes de justice et d'humanité qui doivent régir
« les relations des peuples et des nations. »

L'Institut de droit international se compose de
membres effectifs et de membres associés ; les premiers
sont en nombre limité et ont seuls le droit de voter dans
les délibérations, ils nomment les membres effectifs ou
associés. Il y a tous les ans une session dans laquelle on
discute des questions préparées à l'avance par des commissions (1).

Nous ne pouvons reproduire tous les noms des mem-
bres de l'Institut de droit international ; nous en ci-
terons quelques-uns : pour l'Allemagne, MM. Bluntschli,
Goldschmidt, Heffter, Holtzendorff ; pour l'Angleterre,
MM. Montague Bernard, Holland, Westlake, sir Travers
Twiss ; pour l'Autriche, M. Neumann ; pour la Belgique,

---

(1) En 1879, la session se tiendra à Bruxelles et sera consacrée à
l'examen des points suivants : Règles générales qui pourraient être
sanctionnées par des traités internationaux, en vue d'assurer la décision
uniforme des conflits entre les diverses législations criminelles ; protection internationale des auteurs d'œuvres artistiques ; droit matériel
et formel en matière de prises maritimes ; applicabilité aux nations
orientales du droit des gens coutumier de l'Europe ; conditions de neutralisation de l'isthme de Suez ; de la protection internationale des
câbles télégraphiques sous-marins en temps de paix et en temps de
guerre.

MM. Laurent, de Laveleye, Rivier, Rolin-Jaekemyns ; pour les États-Unis, MM. Dudley Field, Lawrence, Woolsey ; pour la France, MM. Demangeat, Laboulaye, Massé, de Parieu, Ch. Vergé; pour la Hollande, M. Asser; pour l'Italie, MM. Esperson, Fiore, Mancini, Pierantoni ; pour la Russie, MM. Bulmerincq et Martens ; pour la Suisse, MM. Ch. Brocher et Moynier. On comprend ce que la réunion et la collaboration de pareils hommes peuvent rendre de services à une science dont ils s'occupent d'une façon si désintéressée. Déjà, sur des matières importantes, des rapports ont été faits, des résolutions ont été votées, et la pratique, aussi bien que la théorie, ne peut que profiter de ces travaux (1).

40. L'*Association pour la réforme et la codification du droit des gens* a un caractère un peu différent. Elle doit son origine à l'idée (qui peut paraître prématurée) de la rédaction d'un code de droit international, qui fut soumise en 1866 à l'Association anglaise pour l'avancement des sciences. Elle y fut approuvée, et on répartit le travail entre différents jurisconsultes qui ne s'en occupèrent pas également. Des Américains. animés de cet esprit d'initiative qui caractérise leur race, se saisirent de l'idée et voulurent lui donner un corps en consti-

(1) Depuis 1877 paraît l'*Annuaire de l'Institut du droit international* qui, outre le compte reudu des travaux de l'Institut, renferme : 1° un tableau des faits les plus importants relatifs à l'histoire de la législation et du droit public, national et international ; 2° le texte des traités et actes internationaux les plus importants ; 3° une bibliographie du droit international.

tuant un *International Code Committee* composé de publicistes, de jurisconsultes et de philanthropes membres de la Société américaine de la paix. Dans le cours de l'année 1873, ce comité invita un certain nombre de savants de différents pays à une conférence qui se tint à Bruxelles. La discussion a montré qu'il ne fallait pas aborder de front une tâche aussi colossale que la confection d'un code embrassant toutes les relations internationales, qu'il fallait plutôt étudier des points spéciaux au moyen de conférences annuelles et de questionnaires adressés aux hommes compétents. Il s'est donc fondé une association qui tient tous les ans ses assises dans un pays différent. Elle étudie des questions touchant au droit public et au droit privé, qui quelquefois ne rentrent pas dans ce qu'on peut appeler le droit des gens. Ainsi elle s'est occupée d'une législation uniforme sur les lettres de change, les avaries. Cette association comprend un grand nombre de membres de presque tous les pays, et d'après les statuts il devrait y avoir une section organisée fonctionnant dans chaque pays (1). En fait, aux réunions annuelles, il n'y a guère que des membres anglais, américains ou allemands, et les sections locales n'existent que sur le papier. Ce qui manque surtout à cette association, c'est la publication d'un annuaire qui donne l'ensemble de ses travaux. Le rapport annuel contient un compte rendu

(1) La section française a pour président M. Ed. Laboulaye ; pour vice-présidents MM. Demangeat, de Folleville, Gide, Jozon, Massé ; pour secrétaire M. Becker.

beaucoup trop sommaire des discussions (1) et il ne reste pas trace des mémoires souvent remarquables lus par les membres.

(1) On trouve, chaque année, dans le *Bulletin de la Société de législation comparée* et dans le *Journal du droit international privé*, l'indication des sujets traités et des résolutions adoptées.

III. — BIBLIOGRAPHIE RAISONNÉE DU DROIT INTERNATIONAL.

a. — Recueils de traités.

41. Pour les très anciens traités, nous ne citerons que le grand ouvrage de Jean Dumont intitulé : *Corps universel diplomatique du droit des gens* qui a paru en Hollande de 1726 à 1731. C'est un « recueil des traités d'alliance, de paix, de trêve, de neu-
« tralité, de commerce, d'échange, de protection et de garan-
« tie, de toutes les conventions, transactions, pactes, concordats
« et autres contrats qui ont été faits en Europe depuis le règne
« de Charlemagne jusqu'à présent, avec les capitulations im-
« périales et royales, les sentences arbitrales et souveraines
« dans les causes importantes, les déclarations de guerre, les
« contrats de mariage des grands princes, leurs testaments,
« donations, renonciations et protestations ; les investitures des
« grands fiefs, les érections des grandes dignités, celles des
« grandes compagnies de commerce et en général de tous les
« titres, sous quelque nom qu'on les désigne, qui peuvent ser-
« vir à fonder, établir ou justifier les droits et les intérêts des
« princes et États de l'Europe. »

Nous avons donné le titre entier, malgré sa longueur, pour montrer l'intérêt que présente ce recueil pour l'histoire du droit des gens et pour l'histoire générale. Il y a en tête une indication de divers recueils anciens sur le droit des gens et une dissertation sur les cérémonies employées par les différen-tes nations dans les traités de paix, d'alliance, etc. Le recueil de Dumont, qui se compose de 8 volumes in-folio, a été complété quelques années après par Rousset qui a publié 4 volumes in-folio dont les deux premiers sont consacrés aux traités an-térieurs à Charlemagne (1).

_____

(1) Cette partie est l'œuvre de Barbeyrac et a pour titre : *Histoire des anciens traitez, ou Recueil historique et chronologique des traitez répan-dus dans les auteurs grecs et latins et autres monuments de l'antiquité depuis les temps les plus reculez jusqu'à l'empereur Charlemagne.* Voir un savant ouvrage de M. Egger, *Études historiques sur les traités publics*

Wenck a publié à Leipzig de 1781 à 1788 le *Codex juris gentium recentissimi*, comprenant la période de 1735 à 1772.

Le recueil le plus important, à raison de son caractère général, est celui qui a été fondé en 1791 à Gottingue par G. Fr. de Martens et qui subsiste encore aujourd'hui. Il a pour titre : « Recueil de traités d'alliance, de paix, de trêve, de neutralité, « de commerce, de limites, d'échange, etc., et de plusieurs au- « tres actes servant à la connaissance des relations étrangères des « Puissances et États de l'Europe tant dans leur rapport mutuel « que dans celui avec les Puissances et États dans d'autres « parties du globe, depuis 1761 jusqu'à présent. » Dans cette collection, qui jusqu'en 1874 comprend 50 volumes, les recherches étaient très difficiles parce que les documents n'étaient pas dans l'ordre chronologique et qu'ainsi ceux qui se référaient à la même année pouvaient être disséminés dans plusieurs volumes. En 1875 et en 1876 ont paru deux tables qui remédient à cet inconvénient, l'une *chronologique*, l'autre *alphabétique*; la première permet de trouver un traité dont on connaît la date, la seconde donne la série des traités conclus par chaque puissance. Ce qu'il faudrait pour tirer d'un tel recueil toute l'utilité dont il est susceptible, c'est une table par ordre de matières, de telle sorte qu'on pût avoir, par exemple, la série des traités de paix ou de commerce, etc. — En 1876, le recueil précédent s'est continué par une nouvelle série publiée par MM. Samwer et Hopf, d'un format plus grand; le titre est *Nouveau recueil général de traités et autres actes relatifs aux rapports de droit international*. Deux volumes ont paru. Les tables, les titres des traités sont en français. Les actes sont rapportés dans la langue originale quand cette langue est l'allemand, l'anglais ou le français; s'il y a une traduction, c'est en français. Telle était au moins la règle suivie dans l'ancien recueil. Les éditeurs de la nouvelle série paraissent tenir davantage à donner le texte original et on trouve des documents en espagnol et en

---

chez les Grecs et chez les Romains depuis les temps les plus anciens jusqu'aux premiers siècles de l'ère chrétienne, in-8°, 1866. L'éminent auteur a mis en œuvre toutes les ressources de la critique, de la philologie et de l'épigraphie.

hollandais dans le dernier volume paru. C'est certainement une bonne chose, parce que, le cas échéant, rien ne peut remplacer le texte authentique. Mais on pourrait désirer qu'alors le texte fût accompagné d'une traduction française ; nous ne formulerions pas ce vœu qui pourrait paraître suspect dans notre bouche si nous ne l'avions pas trouvé exprimé par un homme qui fait autorité en droit international et qui ne peut être accusé de partialité pour la langue française, M. Bulmerincq (1).

Dans chaque pays, il y a ordinairement un recueil comprenant les traités conclus par ce pays avec les pays étrangers. Ainsi nous avons le *Recueil des traités de la France* publié sous les auspices du ministère des affaires étrangères par M. de Clercq, ministre plénipotentiaire ; il comprend 10 volumes in-8°, dans lesquels sont les traités de 1713 à 1872 ; la publication est malheureusement interrompue et on n'a pas les tables générales promises plusieurs fois et qui seraient fort utiles. L'ordre chronologique est rigoureusement observé. Remarquons que beaucoup de traités antérieurs à 1789, et non des moins importants, ne sont rapportés que par extraits, l'auteur ayant plutôt recherché une utilité pratique qu'une utilité historique.

M. Neumann, professeur de droit des gens à l'Université de Vienne, a publié le *Recueil des traités et conventions conclus par l'Autriche avec les puissances étrangères* depuis 1763 jusqu'à nos jours. Une première série, renfermant 6 volumes qui vont de 1763 à 1856, a paru à Leipzig. La 2e série est publiée à Vienne avec la collaboration de M. de Plason, secrétaire au ministère des affaires étrangères. Le 4° volume a paru en 1877 et termine l'année 1866. Les titres sont en français ainsi qu'un certain nombre de documents. Il n'y a pas seulement des traités, mais des lois, ordonnances, notes, circulaires intéressant le droit international. Les éditeurs n'ont fait aucune annotation. — Le baron Vesque de Pütlingen a publié à Vienne en 1869 un *Uebersicht der österreichischen Staatsverträge*, depuis Marie-

(1) Kritische Vierteljahrschrift, 1877, p. 541.

Thérèse jusqu'à nos jours. C'est un répertoire contenant par ordre alphabétique tous les pays qui sont liés avec l'Autriche par des traités ; en tête de chaque article, il y a une courte notice historique, puis la liste des divers traités.

Le gouvernement russe a ordonné la publication des traités et conventions conclus par la Russie avec les puissances étrangères. Cette publication est confiée à un juriconsulte éminent, M. F. Martens, professeur de droit des gens à l'Université de Saint-Pétersbourg ; elle a commencé en 1874 (1) par les traités conclus avec l'Autriche à partir de 1648. Ce recueil a, pour le droit international et pour l'histoire générale, une importance exceptionnelle qui tient à ce que l'auteur a eu à sa disposition les archives du ministère des affaires étrangères de Russie et a pu ainsi mettre au jour des pièces inédites. De plus, il ne s'est pas borné à reproduire et à classer des documents, il les a accompagnés d'explications lumineuses qui en font comprendre toute la valeur. Chaque traité important est précédé d'un résumé des événements et des négociations qui l'ont amené. Il y a un texte russe et un texte français ; ce qu'il y a de curieux, c'est que ce sont surtout des traductions du français en russe qui ont été nécessaires (2).

Le ministre des affaires étrangères d'Italie a fait réunir, en 1862, les traités en vigueur entre l'Italie et les États étrangers dans un volume intitulé *Raccolta dei trattati e delle convenzioni commerciali*, etc. Ce sont les traités conclus par la Sardaigne que la préface du recueil déclare de plein droit applicables à l'Italie, ce qui n'est pas hors de toute controverse ; il ne s'agit du reste que de ceux qui ont un objet administratif ou économique, les traités purement politiques n'ont pas été reproduits. Les traités conclus par l'Italie à partir de 1861 sont tous recueillis ; il a paru en 1865 un volume contenant les traités de 1861

---

(1) Il y a en tête du 1er volume une introduction générale contenant un exposé succinct des relations entre l'Autriche et la Russie à partir de la fin du quinzième siècle.

(2) La première série sera prochainement terminée. La seconde sera consacrée aux relations entre la Russie et l'Allemagne.

à 1864, en 1869 un volume contenant les traités de 1865
à 1867, etc.

Le congrès américain a fait réunir les *Treaties and conventions concluded between the United States of America and other
powers* depuis le 4 juillet 1776 jusqu'en 1873. Le recueil a été
publié à Washington en 1873 par les soins de M. J. C. Bancroft-
Davis, alors *assistant secretary of State*, c'est-à-dire à peu près
sous-secrétaire d'État des affaires étrangères. Il comprend un
gros volume divisé en deux parties consacrées, l'une aux textes,
qui sont tous en anglais, l'autre à des notes explicatives sur
les traités les plus importants (rappel des négociations, inter-
prétations données par les autorités législatives, exécutives ou
judiciaires, indication des dispositions abrogées) (1).

Le baron de Testa a commencé la publication du *Recueil
des traités de la Porte Ottomane avec les puissances étrangères* depuis le premier traité conclu entre Solyman Ier et François Ier
jusqu'à nos jours. Il y a 4 volumes parus, le dernier a été
publié en 1876 par les fils du baron de Testa mort il y a quelques années. On y trouve beaucoup de documents de toute espèce, malheureusement les recherches sont difficiles parce
qu'il n'y a pas de classement bien fait.

On doit à M. Ch. Calvo un *Recueil complet des Traités, Conventions, Capitulations, Armistices et autres actes diplomatiques de tous
les États de l'Amérique latine* depuis 1493 jusqu'à nos jours; la
publication a commencé en 1862, elle comprend 11 volumes;
les six premiers renferment les traités et actes diplomatiques
depuis la découverte jusqu'à la guerre de l'indépendance, les
cinq derniers volumes des documents divers touchant à l'histoire ou à la géographie. La plupart des textes sont en espagnol, les tables, les préfaces sont en français. Il y a en tête de
l'ouvrage un mémoire (en français) sur l'état actuel de l'Amérique latine et un petit dictionnaire des termes usités dans la
diplomatie.

(1) Il serait bien à désirer qu'on fît pour la France un recueil analogue renfermant, sous une forme accessible à tous, toutes les dispositions
essentielles des traités dans lesquels notre pays a été partie. Cela
donnerait une base solide aux études diplomatiques.

Il y a aussi des ouvrages restreints à une question déterminée. Le comte d'Angeberg a publié le *Congrès de Vienne et les traités de* 1815; le *Recueil des traités, conventions et actes diplomatiques concernant la Pologne,* 1762-1862; le *Recueil des traités, conventions et actes diplomatiques concernant l'Autriche et l'Italie,* jusqu'en 1859; *le traité de Paris du* 30 *mars* 1856 *et les conférences de Londres de* 1871; le *Recueil des traités, conventions, actes, notes, capitulations et pièces diplomatiques concernant la guerre francoallemande,* 1870-1871.

Pour faciliter les recherches dans les différents recueils anciens et modernes, français et étrangers, M. Tétot, archiviste au ministère des affaires étrangères, a eu la patience de faire un *Répertoire chronologique et alphabétique des traités de paix de commerce,* etc., conclus entre toutes les puissances du globe, principalement depuis la paix de Westphalie. La date d'un traité étant connue, on trouve indiquée sa place exacte dans tous les recueils qui l'ont reproduit. On peut aussi trouver la série des actes intéressant un pays déterminé. Malheureusement cet utile répertoire s'arrête à 1866 et il aurait besoin d'un complément (1).

M. Hestlet, bibliothécaire au *Foreign Office,* a publié à Londres en 1875 en 3 vol. gr. in-8° un recueil précieux intitulé : *The map of Europe by Treaty, showing the various political and territorial changes which have taken place since the général peace of* 1814, *with numerous maps and notes.* Il n'y a pas que des traités, mais aussi d'autres actes diplomatiques tels que déclarations de guerre, protocoles, manifestes, constitutions. Tous les documents, qui sont en anglais, sont rangés par ordre chronologique; chaque traité est précédé d'un sommaire et chaque article a un petit titre, ce qui rend les recherches faciles. Les traités

(1) Ce qui serait encore plus utile, ce serait un répertoire *par ordre de matières* et non plus seulement par dates et par pays. Il serait très commode de pouvoir consulter la série des traités relatifs par exemple à l'extradition, à l'exécution des jugements, aux droits des étrangers, etc. Il faut maintenant beaucoup de temps pour dépouiller les divers recueils afin d'en extraire les traités et documents relatifs à la question qu'on étudie.

importants sont accompagnés de cartes qui rendent sensibles
les modifications qu'ils ont produites. L'auteur a voulu ainsi,
comme il le dit, réunir les titres (title deeds) de la famille européenne ; malheureusement ces titres ne sont pas immuables,
comme viennent de le prouver le traité de San Stefano et le
traité de Berlin (1).

b. — Histoire générale. Histoire du droit des gens. Recueils de
documents.

42. Nous ne pouvons que renvoyer aux ouvrages traitant de
l'histoire générale, en regrettant que leurs auteurs trop souvent
aient ignoré les principes les plus élémentaires du droit des
gens, ce qui les amène à faire des confusions regrettables et
à apprécier inexactement les faits : pour ne donner qu'un
exemple, les idées de médiation et d'arbitrage sont ordinairement mêlées. Pour l'époque moderne, nous citerons comme
hors de pair, en ce qui regarde notre pays, l'*Histoire du Consulat et
de l'Empire* de Thiers, l'*Histoire de la Restauration* par de Viel-
Castel, les *Mémoires pour servir à l'histoire de mon temps* de
Guizot et l'*Histoire diplomatique de la guerre franco-allemande*
par Albert Sorel.

Pour les faits et les documents, il y a des renseignements
précieux dans deux recueils d'inégale valeur qui ont cessé
également de paraître, l'*Annuaire historique universel*, fondé
par Lesur en 1818 et qui a subsisté jusqu'en 1870, l'*Annuaire des
Deux Mondes*, publié par la *Revue des Deux Mondes* de 1850

(1) Je mentionnerai ici un livre excellent, d'une érudition sobre et
précise, l'*Histoire de la formation territoriale des États de l'Europe
centrale* par Aug. Himéy, professeur de géographie à la Faculté des
lettres de Paris (2 vol. in-8°, Paris, 1876). La géographie physique et
l'histoire politique, les traités sont également mis à contribution. Après
des considérations générales sur la géographie physique et la géographie historique de l'Europe centrale, l'auteur étudie en détail la monarchie autrichienne, la monarchie prussienne, la Petite-Allemagne,
la Suisse, les Pays-Bas et la Belgique. Il est à désirer qu'un travail aussi
remarquable ne s'arrête pas là, mais se continue pour les autres parties
de l'Europe.

à 1867 ; il est particulièrement regrettable que ce dernier recueil ait été interrompu ; il était fait de manière à rendre les plus grands services à l'histoire, à la diplomatie, au droit international. Dans ces deux annuaires, outre le récit des faits, il y a des documents historiques rapportés à la fin de chaque volume.

L'Angleterre, plus heureuse, a toujours son *Annual Register*, dont la publication a commencé au siècle dernier et qui, comme les recueils précédents, présente une histoire abrégée de l'année pour les principaux pays avec des pièces importantes (1). Les écrivains anglais et même américains y renvoient très fréquemment.

Nous pouvons citer ici l'*Almanach de Gotha, Annuaire généalogique, diplomatique et statistique;* 1878 est la 115ᵉ année du recueil, qui ne contient pas seulement des données complètes sur les familles régnantes ainsi que sur les familles de la haute aristocratie de l'Europe, mais aussi un tableau succinct mais clair de l'organisation des États, de leur importance politique, de leurs finances et de leur commerce. On y trouve les renseignements les plus récents sur la population, le budget, l'armée, le haut personnel administratif de chaque État.

M. Ghillany a publié à Leipzig, de 1865 à 1878, ce que l'on peut appeler les éphémérides politiques de 1492 à nos jours sous le titre de *Europæische Chronik,* 5 vol. in-8°. Chaque événement est indiqué à sa date ; les traités les plus importants sont analysés et leurs dispositions essentielles sont reproduites textuellement dans la langue originale. La partie moderne est de beaucoup la plus développée, ainsi les deux derniers volumes

---

(1) Il y a une première partie consacrée à l'histoire de l'année pour les principaux pays, une seconde partie énumérant par ordre de dates les événements les plus remarquables. Après viennent les décisions judiciaires remarquables et des documents d'un intérêt général (*Public Documents and State papers*). Des tables soigneusement faites facilitent les recherches dans l'ouvrage où sur chaque fait de quelque importance on est sûr de trouver un renseignement sommaire, mais précis.

comprennent la période de mai 1867 à avril 1877. L'ouvrage forme bien, comme l'auteur le dit lui-même, un manuel pour ceux qui s'occupent de politique et d'histoire.

43. Arrivons à ce qui est plus spécial aux rapports internationaux. L'Américain Wheaton a publié en français une *Histoire des progrès du droit des gens en Europe et en Amérique,* depuis la paix de Westphalie jusqu'à nos jours (1845), avec une introduction sur les progrès du droit des gens en Europe avant la paix de Westphalie, 2 vol. in-8° ; l'ouvrage est très utile à consulter et très commode en ce qu'il contient beaucoup de faits et de textes, mais ces faits et ces textes ne sont pas toujours bien liés entre eux. Le professeur belge Laurent, bien connu par ses *Principes du droit civil français,* a fait des *Études sur l'histoire de l'humanité,* ou histoire du droit des gens et des relations internationales, 18 v. in-8°, 1851-1870. C'est le côté historique et philosophique du sujet qui est envisagé plutôt que le côté juridique et pratique. L'auteur cherche, dans les écrits des philosophes plus que dans les usages ou dans les textes des traités, des renseignements sur les idées qu'on s'est faites des rapports internationaux aux diverses époques.

Pierantoni, professeur de droit international à Naples et député au Parlement italien, a fait paraître en 1876 une *Storia del diritto internazionale nel XIX secolo* (1 vol. in-12). Presque tous les faits intéressants sont rappelés, mais il y a trop souvent une simple glorification du succès en ce qui concerne la Prusse et l'Italie.

Le baron Ch. de Martens, ancien ministre-résident à la cour de Prusse, a publié *Causes célèbres du droit des gens,* 1856 (2ᵉ édition, 5 vol. in-8°). Il s'agit d'événements qui se sont passés au xviiᵉ, au xviiiᵉ et au xixᵉ siècle et qui ont donné lieu soit à des négociations diplomatiques, soit à des protestations. Il y a beaucoup de documents qu'on trouverait difficilement ailleurs, seulement trop de détails sont relatifs à des questions qui n'ont plus guère aujourd'hui qu'un intérêt de curiosité, comme celles des préséances et des immunités diplomatiques.

Ferd. de Cussy, ancien consul général de France, a publié un ouvrage analogue, *Phases et causes célèbres du droit maritime des nations*, 1858 (2 vol. in-8°). Les matières sont réparties méthodiquement ; ce n'est pas, comme le recueil précédent, une simple succession d'espèces.

Les traités anciens ont fait le sujet de deux ouvrages qui embrassent la même période, de la paix de Westphalie à 1815 : l'*Histoire abrégée des traités de paix entre les puissances de l'Europe* par de Koch, ouvrage refondu, augmenté et continué par F. Schoell, conseiller d'ambassade du roi de Prusse près la cour de France (Bruxelles, 1837, 4 vol. gr. in-8°), et l'*Histoire générale des traités de paix et autres transactions principales entre les puissances de l'Europe*, par le comte de Garden, ancien ministre plénipotentiaire (14 vol. in-8°). C'est plutôt le côté politique que le côté juridique qu'ont en vue les auteurs de ces ouvrages, qui n'ont plus guère qu'un intérêt historique, l'état de choses créé en 1815, et auquel ils s'arrêtent, ayant été singulièrement modifié depuis vingt ans, en Italie et en Allemagne notamment.

Deux recueils d'un caractère plus général contiennent un grand nombre de documents utiles :

Archives diplomatiques, *Recueil mensuel de diplomatie et d'histoire*, paraissant à Paris depuis 1861 ; il n'y a que des documents sans commentaire (Traités, déclarations, correspondance diplomatique, discours du trône, etc.). Les documents ne se bornent pas à l'Europe et s'appliquent à tous les pays ; ils sont tous en français. Il est regrettable que la source n'en soit pas toujours indiquée pour qu'au besoin on puisse se reporter au texte original. A la fin de l'année 1873, il y a eu une table générale pour les treize premières années ; cette table ne comprend pas tous les documents, mais seulement les plus importants comme les traités, protocoles, etc. La publication des *Archives diplomatiques* est interrompue depuis le commencement de l'année 1876.

Das Staatsarchiv, *Sammlung der officiellen Actenstücke zur Geschichte der Gegenwart*. Ce recueil, fondé en 1861 à Hambourg par Ægidi et Klauhold, paraît maintenant à Leipzig sous la direction de Kremer-Ausenrode et Hirch et se compose actuellement de 34 volumes ; comme son titre l'indique, il ne contient pas seulement des documents diplomatiques, mais des pièces

qui concernent la politique intérieure ; pour n'en donner qu'un
exemple, il donne les débats qui ont eu lieu à la Chambre des
députés de France à l'occasion du 16 mai. Les textes sont dans
la langue originale.

En juillet 1877, avait commencé à paraître à Vienne un
recueil qui aurait pu être fort utile ; il avait pour titre : *le Por-
tefeuille diplomatique et politique*, *Blue-Book européen* ; il devait
publier non seulement des documents officiels, traités, notes diplomatiques, discours, etc., mais aussi les principaux travaux
parus dans la presse périodique européenne. Tout était en français. Il n'y a eu qu'une quinzaine de livraisons.

c. — Doctrine. Droit international public.

44. Je vais indiquer les principaux ouvrages qui existent sur
l'ensemble du droit international et en même temps le genre
d'utilité que chacun peut procurer. Je n'ai nullement la prétention d'assigner un rang aux divers ouvrages que je vais passer
en revue et qui, pour la plupart, sont dus à des hommes que
je considère comme mes maîtres dans la science. Je veux
seulement tâcher d'orienter les jeunes gens qui veulent faire
des études personnelles sérieuses et qui quelquefois ne savent
par quel livre commencer (1).

(1) Tout le monde connaît les ouvrages du hollandais Grotius et du
suisse Vattel, qui ont d'abord une valeur historique considérable comme
exprimant les idées de leur temps, et qu'on peut encore consulter avec
fruit, quoiqu'avec précaution, à raison des nombreux changements qui
se sont opérés depuis eux dans les faits et dans les idées. L'ouvrage de
Grotius est intitulé : DE JURE BELLI ET PACIS *libri tres, in quibus jus
naturæ et gentium, item juris publici præcipua explicantur* ; il a été
publié pour la première fois à Paris en 1625 par son auteur qui, con-
damné en Hollande à l'emprisonnement perpétuel, avait réussi à
s'échapper. Il y en a eu d'innombrables éditions. La dernière qui ait été
publiée en France est due à M. Pradier-Fodéré qui a fait une nouvelle
traduction, reproduit un choix des notes des anciens commentateurs
et ajouté de nombreuses notes relatives aux faits de l'histoire moderne
et contemporaine, 3 vol. in-8° et in-12, Paris, 1867. — Vattel a fait : LE
DROIT DES GENS, *ou Principes de la loi naturelle appliqués à la conduite*

A mon grand regret, je suis obligé de constater tout d'abord que si la langue française a été souvent employée par des étrangers écrivant sur le droit international, les Français ont peu cultivé cette branche de la législation. Quelques-uns ont étudié avec soin telle ou telle matière spéciale, surtout le droit maritime (1), mais l'ensemble de la science a été rarement traité. Jusqu'à l'année dernière, on ne pouvait citer que d'anciens ouvrages, comme les *Institutions du droit de la nature et des gens*, du comte DE RAYNEVAL, utiles sans doute à consulter au point de vue historique, renfermant des vues ingénieuses, mais n'étant plus au courant de la science et des faits; la dernière édition était de 1832. En 1877, a paru le *Précis du droit des gens*, par FUNCK-BRENTANO et ALBERT SOREL, tous deux professeurs à l'École des sciences politiques. Ce précis, très remarquablement écrit, contient une *Introduction*, trois *livres* consacrés au *Droit des gens en temps de paix*, au *Droit des gens en temps de guerre*, au *Droit maritime*, et une *Conclusion.* Les auteurs ont un esprit plus philosophique et politique que juridique, et font quelquefois trop bon marché des travaux des jurisconsultes en confondant leurs idées avec celles des rêveurs ou des utopistes comme on en rencontre trop dans les *Sociétés de la paix*. Ils veulent nous donner le *droit des gens réel*, et cependant nous citent trop peu de faits pour corroborer leurs assertions. Il est vrai qu'ils renvoient d'une manière générale, pour l'*illustration* de leurs maximes, comme diraient les Anglais, à l'ouvrage de Calvo, mais

et aux affaires des nations et des souverains, 1ʳᵉ édit. 1758. Ce traité a eu un grand succès, dû surtout à sa clarté, à ses idées libérales et modérées ; il n'a rien d'original et de profond, et bien des chapitres sont aujourd'hui tout à fait surannés. M. Pradier-Fodéré en a également donné une nouvelle édition fort complète en 1863, 3 vol. in-8° et in-12.

(1) Les ouvrages d'Ortolan (*Règles internationales et diplomatie de la mer*, 2 vol. in-8°, 4ᵉ édit. 1864) et de Hautefeuille (*Des droits et des devoirs des nations neutres en temps de guerre maritime*, 3 vol. in-8°, 3ᵉ édit. 1868) sont classiques à l'étranger comme en France. On peut citer comme jouissant aussi d'une grande autorité le *Traité des consulats* de MM. de Clercq et Vallat, le *Traité de l'extradition* de M. Billot.

il n'est pas commode de compléter ainsi un livre par un autre. Sauf cette réserve, je dirai qu'il y a dans ce précis toutes les idées essentielles de la matière et très souvent des observations profondes qui révèlent un esprit politique très exercé et très perspicace.

Le vicomte de LA GUÉRONNIÈRE a publié, en 1876, *le Droit public de l'Europe moderne*, 2 vol. in-8°. L'ouvrage ne répond que très imparfaitement à son titre ; il se compose d'une série de chapitres sans lien entre eux, où sont traités quelques points importants de politique, d'histoire et de géographie, comme : *les Origines du droit des gens, l'Influence des Croisades, les Capitulations, la Paix de Westphalie, la Paix d'Utrecht, le Dix-huitième siècle, la Révolution française et le droit public, le Nouveau droit public, Rome et l'Italie, le Traité de Prague, les Annexions et la liberté des mers, l'Allemagne et le Zollverein, l'Angleterre et l'émancipation des catholiques, l'Amérique et l'esclavage, la Russie et le servage, le Régime prohibitif et la liberté commerciale, la Guerre moderne, la Paix et la diplomatie, l'Europe et les traités.* Il n'y a pas d'unité dans l'ouvrage et les différents chapitres ressemblent plutôt à des développements oratoires qu'à des dissertations scientifiques.

Le droit commercial dans ses rapports avec le droit des gens et le droit civil, de M. MASSÉ, conseiller à la Cour de Cassation (4 vol. in-8°, 3ᵉ édition, Paris, 1874) contient une partie importante consacrée au droit des gens ; c'est le *livre* II intitulé : *Du droit et des lois dans leurs rapports avec les relations internationales et la liberté du commerce* (1ᵉʳ vol. p. 76-684, 2ᵉ vol. p. 1-102). Tout ce qui touche à l'exercice du commerce en temps de paix et en temps de guerre, aux consuls, aux droits et devoirs des étrangers, aux actes et contrats dans leurs rapports avec les lois étrangères, à la compétence entre étrangers et entre français et étrangers, aux effets des actes et jugements étrangers, est étudié avec grand soin, au point de vue historique, philosophique et pratique. Comme on le voit, l'ouvrage ne renferme de théorie générale ni sur le droit international public, ni sur le droit international privé, mais toutes les règles qui intéressent le commerce dans ces deux branches du droit y sont rapportées.

45. La Belgique n'est pas plus favorisée que la France, en ce

que nous ne connaissons pas de traité de droit international dû à un Belge. Cependant il est peu de pays auxquels, dans ces dernières années, la science du droit international soit autant redevable. C'est à Gand que paraît, depuis 1869, la *Revue du droit international et de la législation comparée*, publiée par MM. Asser, Rolin-Jaekemyns et Westlake, avec le concours de publicistes et de jurisconsultes de tous les pays. Elle contient un grand nombre de dissertations sur les points les plus importants du droit international public ou privé, et sur la législation en général. Elle a aussi, mais trop rarement, des *Chroniques* où sont passés en revue les faits intéressant le droit des gens ; c'est un travail qui ne se fait nulle part ailleurs et qui exige des connaissances juridiques et historiques, en même temps que des moyens particuliers d'information. La *Revue* rend compte des travaux de l'Institut du droit international, dont son rédacteur en chef, M. Rolin-Jaekemyns, actuellement ministre de l'intérieur en Belgique, a eu l'initiative. Enfin elle contient une *Bibliographie* très complète et très consciencieuse des ouvrages qui touchent non seulement au droit international, mais au droit en général. Ce qu'il faut souhaiter, c'est que la direction de la *Revue* veuille bien tenir un peu plus compte de l'impatience de ceux qui ont l'habitude de la lire et la fasse paraître plus régulièrement à l'avenir (1).

Nos revues de droit en France s'occupent peu des questions de droit international; nous exceptons, bien entendu, le *Journal du droit international privé*, dont nous parlerons plus bas; nous avons en vue plus spécialement ici le droit international public. Parmi les revues en langues étrangères où on trouve le plus souvent des travaux qui s'y réfèrent, il faut citer : pour l'Angleterre, *The Law Magazine and Review, or Quarterly Journal of Jurisprudence*, où sir Travers Twiss traite ordinairement, avec une compétence incontestée, les questions les plus graves qui se présentent (affaire de la *Franconia*, collisions en mer, exterritorialité des navires de guerre à propos des circulaires de l'Amirauté anglaise sur les esclaves fugitifs, etc.); pour les

_____

(1) Dans la 2e livraison de l'année 1878 qui vient de paraître, M. Rolin Jackemyns n'est plus indiqué comme rédacteur en chef.

États-Unis, *The Albany Law Journal*; pour l'Italie, l'*Archivio giuri-dico*, où l'on trouve assez fréquemment des dissertations sur des points de droit international public ou privé, et pour l'Alle-magne ; le *Jahrbuch für Gesetzgebung, Verwaltung und Volks-wirtschaft im deutschen Reich.*

46. J'arrive aux principaux ouvrages dus à des étrangers et qui embrassent l'ensemble du droit international. Je vais d'abord indiquer ceux qui ne présentent qu'un résumé succinct de la science. Le plus remarquable sans contredit est, à mon avis, le suivant : *Grundriss des heutigen europæischen Völkerrechts*, par L. NEUMANN (2e édition, 184 pages in-8°, Vienne, 1877). L'exposé est d'une clarté parfaite ; rien d'essentiel n'est omis, ni pour les idées ni pour les faits. Il fallait un maître consommé pour dire autant de choses en aussi peu de pages et dans une forme ac-cessible à tout le monde. M. Neumann est depuis longtemps professeur de droit des gens à l'Université de Vienne ; c'est lui qui dirige la publication du *Recueil des traités de l'Autriche*, dont j'ai parlé plus haut.

On pourra consulter encore :

Institutionen des praktischen Völkerrechts in Friedenszeiten, mises en rapport avec la constitution, les traités et la législation de l'Empire allemand, par AD. HARTMANN, ancien secrétaire gé-néral du ministère des affaires étrangères du royaume de Ha-novre, 287 pages in-8°, 1877. C'est un exposé des règles reçues dans la pratique avec des références aux principaux auteurs et aux conventions internationales.

Das Europäische Völkerrecht, par HOLTZENDORFF, professeur à l'Université de Munich. Ce résumé fait partie de l'*Encyclopædie der Rechtswissenschaft*, publiée sous la direction du même au-teur (3e édition, Leipzig, 1877). Il est très méthodique, très sa-vant, contient beaucoup de choses, notamment des renseigne-ments bibliographiques utiles à propos de chaque matière. Il se lit plus difficilement que les deux ouvrages précédents. Le dic-tionnaire qui est joint à l'encyclopédie systématique contient un grand nombre d'articles qui se réfèrent au droit des gens et qui sont dus en grande partie à M. Bulmerincq.

Introduction to the study of international law par Théod. WOOLSEY. L'ouvrage a été plusieurs fois réimprimé en Amérique où l'auteur a été pendant longtemps président du *Yale-College;* il a été publié en Angleterre en 1875 (petit in-8°, 383 pages). Ce n'est pas une *introduction* dans le sens strict du mot, en ce sens qu'il est traité dans cet ouvrage de l'ensemble des matières de la science. Après une introduction philosophique, il y a deux parties consacrées, la première aux attributs essentiels des états, à leurs droits et de voirs, spécialement dans l'état de paix; la seconde au droit international et aux usages en temps de guerre, puis une conclusion où l'auteur signale les lacunes, la sanction et les progrès du droit international. L'ouvrage se termine par trois appendices précieux : le premier énumère les principaux ouvrages et recueils de documents relatifs au droit international ; le second (56 pages) donne la liste des traités internationaux les plus importants depuis la Réforme jusqu'au traité de Washington du 8 mai 1871, avec l'indication des recueils qui les rapportent et une analyse sommaire de leurs dispositions; le troisième fournit des éclaircissements et des développements sur un certain nombre de points touchés dans le corps du livre. Cet ouvrage qui, comme on le voit, pourrait servir de manuel à raison des nombreux renseignements qu'il contient, est plus méthodique et plus doctrinal que ne le sont ordinairement les traités anglais ou américains (1).

47. Pour les ouvrages dont il me reste à parler, je suivrai l'ordre alphabétique.

Amari, *Trattato sul diritto internazionale pubblico di pace,* 1 vol. 900 pages in-12, Milan, 1875, 2° édition. L'auteur aime les développements historiques et philosophiques; il a un défaut qu'ont en général tous les écrivains à peu d'exceptions près, mais que les Italiens me semblent avoir à un degré extraordinaire. On dirait que l'Italie est encore à faire, tant ils sont absorbés par les idées qui ont joué un rôle dans la période

(1) Je citerai encore un résumé très court, mais clair et exact du Dʳ Quaritsch : *Compendium des europäischen Völkerrechts* (80 pages in-8°, Berlin, 1875). Il y a même un *Katechismus des Völkerrechtes* d'Aloys Bischof (131 pages in-12, Leipzig, 1877) fait d'après Heffter et Bluntschli.

de 1848 à 1870. Suivant eux, le principe des nationalités comprend tout, suffit à tout ; il n'est pas de difficultés qu'il ne puisse
aplanir s'il est bien appliqué. Sauf cette réserve, on lira avec
intérêt et avec fruit un grand nombre de chapitres du traité
d'Amari, qui a souvent fait des comparaisons utiles entre le
droit privé et le droit des gens. M. Amari est professeur de
droit international à l'université de Catane.

BLUNTSCHLI, *Das moderne Völkerrecht der civilisirten Staten als
Rechtsbuch dargestellt* (1re édition, 1868 ; 3e édition, 1878, 1 vol.
in-8°). Il en a paru une traduction française, due à M. Lardy,
sous le titre de *Le droit international codifié*, qui en est à la
2e édition (Paris, 1874). C'est un ouvrage considérable qui est
au nombre des quatre ou cinq livres qu'il est indispensable de
consulter sur toute question. Il comprend une introduction
philosophique et historique, et neuf livres : *Principes fondamen-
taux, Personnes en droit international, Organes des relations
internationales, Souveraineté du territoire, Personnes dans leurs
rapports avec l'État, Traités, violations du droit international et
moyens de les réprimer, Guerre, Neutralité.* Il y a 862 règles
ou *articles*, accompagnés de ce qu'on pourrait appeler un
exposé de motifs tiré du raisonnement ou des faits. L'auteur
a tiré tout le parti possible de la forme qu'il a adoptée,
ses règles ont un grand mérite de précision et de clarté,
et les explications qui y sont jointes se distinguent par une
netteté et une sobriété rares. Il ne faut pas se dissimuler que
cette forme a aussi ses inconvénients qui sont malheureusement des conséquences inévitables de ses qualités mêmes.
Elle peut faire croire que telle règle, formulée par l'auteur d'une
manière saisissante et avec l'aspect d'un article de code, a vrai-
ment un caractère légal et est généralement acceptée soit dans
la doctrine soit dans la pratique, ce qui est loin d'être toujours
vrai. M. Bluntschli qui est originaire de Zurich, où il a
d'abord enseigné et où il a été chargé de rédiger un code
civil, est depuis longtemps professeur à Heidelberg. Il a publié
un grand nombre d'ouvrages sur le droit public, la politique,
les rapports de l'Église et de l'État. Nous citerons seulement
son *allgemeine Staatslehre* traduite par de Riedmatten (*Théorie
générale de l'État*, Paris, 1877), où se trouvent exposées des idées

importantes qui intéressent le droit international (l'humanité, les races d'hommes et les familles de peuples, nation et peuple, formation de l'État et principe des nationalités, etc.). M. Bluntschli a publié aussi un *deutsches Staats-Wörterbuch* qui comprend 11 forts volumes in-8°; le premier a paru en 1857 et le dernier en 1869; on y trouve de nombreux renseignements sur l'histoire, la politique, le droit des gens, l'économie politique. Bien que tous les États européens y soient passés en revue, l'Allemagne, l'Autriche et la Suisse sont l'objet d'une attention spéciale. De 1869 à 1875, le D^r Lœning a publié de ce dictionnaire une édition abrégée sous le nom de *abgekürztes Staats-Wörterbuch*.

BULMERINCQ, *Praxis, Theorie und Codification des Völkerrechtes*, 1 vol. in-8°, 195 pages, Leipzig, 1874. Ouvrage original d'une haute valeur, où sont examinées les questions les plus importantes qui touchent à la formation, au développement et à l'étude du droit international. M. Bulmerincq a été longtemps professeur à l'université de Dorpat, qui sous son impulsion a fourni plusieurs travaux utiles sur le droit international.

CALVO, *Le Droit international théorique et pratique*, 2e édition, 2 gros vol. in-8°, Paris, 1872; la première édition avait paru en 1868 en espagnol. C'est peut-être le traité le plus riche en faits historiques et en indications bibliographiques. L'auteur, qui est né à Buenos-Ayres, a représenté son pays à Paris et à Londres; il a naturellement traité avec soin de nombreuses questions qui se sont présentées dans l'Amérique du Sud et sur lesquelles on chercherait vainement des renseignements ailleurs.

DUDLEY FIELD, *Outlines of an international Code*, 2e édition, New-York, 1876, 1 vol. gr. in-8°. La première édition avait paru en 1872 sous le titre de *Draft Outlines*. L'auteur était un membre de l'*International Code Committee* dont j'ai parlé plus haut (n° 40). Il a voulu, comme il le dit lui-même, donner un plan de code international, tel que des publicistes pourraient le recommander aux gouvernements (*a scheme of international law, such as publicists would recommend to governments*) et en même temps indiquer les différences entre les règles proposées et les règles existantes. L'ouvrage comprend 1008 articles qui règlent les rapports internationaux à tous les points de vue, politiques, administratifs, économiques, etc. Chaque article est suivi de nombreuses références soit aux ouvrages les plus importants, soit à des traités internationaux, soit aux lois et règlements des diverses nations. Sur certaines matières un peu techniques, comme ce qui touche au service postal ou télégraphique, aux monnaies, aux poids et mesures, à la longitude, il y a des renseignements précieux. Le code comprend aussi le droit international privé. Il a paru de la première édition une traduction italienne due à Pierantoni (*Prime linee di un codice internazionale*, 1874). Une traduction française est, dit-on, en préparation ; ce sera certainement un grand service rendu à la science qui profitera non seulement des idées de M. Dudley Field, mais des nombreux documents qu'il a réunis. M. Field a été longtemps avocat à New-York et a pris une part importante à la codification des lois de cet État.

FIORE, *Diritto pubblico internazionale*, Milan, 1865, traduit en français par Pradier-Fodéré sous le titre de *Nouveau droit international public suivant les besoins de la civilisation moderne*, 2 vol. in-8°, Paris, 1868. C'est un des ouvrages les plus brillants de l'école italienne. Le côté théorique et philosophique du sujet est plus mis en lumière que le côté pratique. Le traducteur a fait précéder l'ouvrage d'une introduction historique et l'a accompagné d'annotations assez nombreuses destinées à compléter ou à éclaircir la pensée de l'auteur, à rapprocher ses opinions de celles des auteurs les plus estimés. M. Fiore, qui est actuellement professeur de droit international à Turin, a publié plusieurs autres ouvrages, notamment un *Traité de droit international privé* dont je parlerai plus loin, et un *Traité de l'extradition* (*Della estradizione*, 1877) : l'ouvrage contient en appendice le texte de toutes les conventions sur la matière conclues par l'Italie.

HALLECK : *International law, or Rules regulating the intercourse of states in peace and war*, 1 gros vol. in-8°, New-York, 1861 ; il y en a eu une nouvelle édition à Londres en 1878. L'ouvrage n'a rien d'original dans sa première partie où souvent il n'est qu'une analyse du Traité de Phillimore, mais il offre de l'intérêt pour ce qui concerne le droit de la guerre qui est traité en détail ; l'auteur a été attaché à l'état-major de la marine des

États-Unis et a eu occasion de voir se présenter beaucoup de questions dans la guerre des Etats-Unis avec le Mexique.

Heffter, *Das Europäische Völkerrecht der Gegenwart*, 1ʳᵉ édition, Berlin, 1844; 6ᵉ édition, 1873. J. Bergson en a fait une traduction française qui a paru pour la première fois en 1863; après la mort du traducteur, l'auteur en a publié deux nouvelles éditions en 1866 et 1873, sous le titre de : *Le Droit international de l'Europe*. C'est l'ouvrage classique en Allemagne. Il est très méthodique, d'une lecture un peu difficile parce que l'auteur n'a pas toujours assez développé sa pensée et que ses raisonnements sont très serrés. M. Heffter est professeur à l'Université de Berlin depuis plus de quarante ans ; il a été membre de la Cour suprême de Prusse.

Kent, *Commentary on international Law*. C'est une partie de son ouvrage général sur le droit américain (*Commentaries on american Law*); elle a été publiée séparément par Abdy, professeur à l'Université de Cambridge, en 1868, et de nouveau en 1878, 1 vol. in-8°. Kent, qui est mort en 1847, a été juge de la Cour suprême des Etats-Unis ; il jouit en Amérique et en Angleterre d'une autorité presque égale à celle de Wheaton. L'ouvrage a été mis au courant par l'éditeur. Il contient un assez grand nombre de faits et de précédents judiciaires.

Klüber, *Droit des gens moderne de l'Europe*. L'auteur, professeur à Erlangen, publia d'abord son livre en français (1819) et peu après en allemand. D'assez nombreuses éditions ont paru en Allemagne et en France ; la dernière édition française est de 1874, 1 vol. in-8° ou in-12; elle a été annotée et complétée par A. Ott. Ce traité, bien qu'assez court, contient de nombreux renseignements historiques et bibliographiques se référant quelquefois à des faits ou à des livres peu connus. Un supplément a pour titre : *Bibliothèque choisie du droit des gens*. Klüber est surtout connu par cet ouvrage, mais il a en outre beaucoup écrit sur des sujets divers. Il a suivi les négociations du Congrès de Vienne et a fait paraître à Erlangen, de 1825 à 1830, un recueil encore précieux : *Akten des Wiener Congresses*, 1 vol. in-8°.

Martens (G.-F. de). *Précis du droit des gens moderne de l'Europe, fondé sur les traités et l'usage*. C'est le même auteur qui a

fondé le célèbre recueil de traités qui porte son nom. Il était professeur à Gottingue, et a publié, comme Klüber, son livre d'abord
en français (1788), puis en allemand (1796). Son précis a eu un
grand succès et il y en a de nombreuses éditions dans plusieurs
pays. Pinheiro-Ferreira l'a annoté en le réfutant presque à·
chaque page; leurs tendances sont aussi opposées que possible.
Martens n'a guère d'idéal, c'est le côté pratique qui le préoccupe
surtout. L'auteur espagnol, au contraire, a des idées absolues
qui tiennent peu de compte des faits, qui exagèrent les droits
individuels. La dernière édition française a été donnée par
Ch. Vergé (2 vol. in-8° ou in-12, 1864), qui a reproduit les
notes de Pinheiro-Ferreira, qui a ajouté de nombreuses notes
destinées à mettre l'ouvrage au courant des doctrines et des
faits et qui a mis en tête une remarquable introduction sur le
droit des gens avant et depuis 1789.

PHILLIMORE (sir ROBERT), *Commentaries upon international law*,
4 gros vol. in-8°, Londres, 2ᵉ édition, 1871-1874. Les deux premiers volumes sont consacrés au droit des gens pendant la paix,
le troisième au droit de la guerre, le quatrième au droit international privé. Suivant Woolsey, c'est l'ouvrage le plus étendu,
le plus savant sur la matière en langue anglaise, sinon en toutes
les langues. C'est certainement une œuvre considérable qui
contient en abondance des faits, des précédents judiciaires. Des
questions fort intéressantes y sont étudiées qu'on chercherait
vainement ailleurs, comme ce qui concerne la situation internationale du pape et du patriarche de Constantinople. Ce n'est
pas une œuvre scientifique conçue sur un plan méthodique.
C'est plutôt un assemblage de notes qui souvent ne sont pas
liées entre elles, et l'ouvrage n'a pas toujours été mis au courant. Enfin l'auteur attache une assez grande importance au
droit romain, mais ce qu'il en dit manque quelquefois d'exac-
titude. Sir Robert Phillimore est juge de la Cour d'amirauté ; il
jouit d'une grande autorité en Angleterre et aux Etats-Unis, où
son ouvrage a été réimprimé. Pour dire toute ma pensée, ses
jugements me paraissent beaucoup plus remarquables que son
livre, qui est plutôt un répertoire de faits et de jugements, très
utile à consulter, qu'un traité scientifique bon à étudier.

TWISS (sir TRAVERS). *The Law of nations, considered as inde-*

pendant political communities. C'est un titre commun à deux parties distinctes : *On the right and duties of nations in time of peace,* 1 vol. in-8°, Londres, 1861, et *On the right and duties of nations in time of war,* Londres, 1863, 2ᵉ édition, 1875. L'auteur s'est proposé de faire une exposition systématique des principes du droit international en les éclairant par de nombreux exemples. Chaque chapitre est bien ordonné et se lit aisément. L'ordre des chapitres peut quelquefois sembler singulier ; ainsi après avoir parlé des *nations comme sujet du droit des gens,* des *modifications de la vie internationale,* des *différents systèmes d'Etats,* de l'*Empire ottoman,* l'auteur arrive à parler des *sources du droit des gens,* puis du *Droit de conservation,* etc. Sir Travers Twiss a écrit beaucoup de brochures, des articles dans des revues, surtout dans *The Law Magazine.* Il a exercé diverses fonctions fort importantes (avocat général de l'Amirauté, avocat général de la Couronne, etc.).

WHEATON, *Eléments de droit international,* 2 vol. in-8°. L'auteur, qui est mort en 1848, a publié à la fois en français et en anglais son ouvrage, qui a eu de nombreuses éditions et peut être considéré comme classique. Il a eu souvent l'honneur d'être invoqué dans les discussions diplomatiques. Les idées sont simplement et clairement exposées, elles expriment ordinairement ce qui est reçu dans la pratique. Wheaton avait d'abord exercé des fonctions judiciaires aux Etats-Unis, puis, à partir de 1827, Il représenta son pays à Copenhague d'abord, à Berlin ensuite. L'édition anglaise de son livre a été, depuis sa mort, annotée et mise au courant par W.-B. Lawrence et par Dana (le premier a fait au second un procès en contrefaçon qu'il a gagné). L'édition française est encore publiée telle que l'a composée l'auteur (4ᵉ édition, Leipzig, 1865), mais M. W.-B. Lawrence a commencé la publication d'un *Commentaire* destiné à compléter les deux ouvrages de Wheaton, les *Eléments du droit international* et l'*Histoire des progrès du droit des gens.* Ce commentaire compte actuellement trois volumes (1869-1873, Leipzig), et s'il devait être continué dans les mêmes proportions, il devrait comprendre un assez grand nombre de volumes, car il ne s'applique qu'à une faible partie de l'ouvrage de Wheaton ; le troisième volume tout entier développe une partie du chapitre des *Eléments* consacré aux *Droits de législation civile et criminelle*, c'est-à-dire à ce qu'on appelle communément le droit international privé. Par son plan même, l'ouvrage ne peut être qu'un magasin de renseignements très divers rapprochés des ouvrages de Wheaton ; il y en a beaucoup de fort utiles, notamment d'abondantes citations d'écrits politiques, historiques ou juridiques, de lois, de décisions judiciaires. Il y a une grande érudition, mais une absence complète de méthode ; dans le même chapitre, on saute brusquement d'une idée à une autre. M. Lawrence a exercé des fonctions diplomatiques et politiques ; il a également professé le droit.

d. — Doctrine. Droit international privé.

48. Il faut mentionner en tête la partie du *Traité du droit romain* de SAVIGNY (1ʳᵉ moitié du 8ᵉ volume), consacrée à l'examen des limites des lois dans l'espace. Cette étude a beaucoup contribué à appeler l'attention sur des problèmes qui n'avaient pas encore été présentés sous un aspect aussi scientifique (1).

On peut classer en quelque sorte en trois catégories les ouvrages sur la matière, suivant qu'ils se réfèrent à l'ancienne théorie, à la nouvelle, ou suivant qu'ils ont trait au droit anglais ou américain ; les règles suivies en Angleterre et aux Etats-Unis diffèrent beaucoup des règles suivies sur le continent européen.

I. FOELIX, *Traité du droit international privé ou du conflit des lois des différentes nations en matière de droit privé*, 2 vol. in-8°. Ce livre a été très utile à l'époque où il a paru, surtout parce que l'auteur avait une connaissance des législations étrangères très rare alors. Il a été mis au courant de la jurisprudence par M. Demangeat, qui en a publié une 3ᵉ et une 4ᵉ édition, celle-ci en 1866. Il n'en a pas moins vieilli beaucoup au point de vue scientifique.

(1) Un avocat écossais, William Guthrie, a publié en 1869 à Édinbourg une traduction du 8ᵉ volume du grand ouvrage de Savigny en y ajoutant des références aux décisions des tribunaux anglais (*a Treatise on the conflict of Laws*). Il constate, dans son introduction, que l'autorité de Savigny est souvent invoquée en Angleterre soit par les avocats devant les tribunaux, soit par les jurisconsultes dans leurs écrits.

VESQUE VON PÜTLINGEN, *Handbuch des in Osterreich-Ungarn gel-
tenden internationalen Privatrechtes*, 2ᵉ édition, Vienne, 1878.
L'ouvrage contient beaucoup de renseignements pratiques, de
renvois à des lois, ordonnances, conventions internationales.
Il comprend, comme [le traité de Fœlix, le droit pénal et l'extradition. L'auteur est un haut fonctionnaire du ministère des
affaires étrangères d'Autriche et a pu ainsi avoir à sa disposition
de nombreux documents.

II. BAR, *Das internationale Privat-und Strafrecht*, 1 vol. gr.
in-8°, Hanovre, 1862. L'ouvrage est inspiré, comme le dit
l'auteur lui-même, par les idées de Savigny, qu'il a pour but
d'appliquer à tous les rapports de droit, alors que Savigny
n'avait pu que poser les principes généraux.

BROCHER, *Nouveau Traité de droit international privé, au dou-
ble point de vue de la théorie et de la pratique*, in-8°, Genève et
Paris, 1876. C'est la réunion d'articles qui ont paru dans la *Revue du droit international*, et qui ont du reste été remaniés. L'ouvrage est très propre à donner une idée de la science dans son
état actuel, l'auteur étant fort au courant de la doctrine et de la
jurisprudence des différents pays. C'est le droit français qu'il
envisage le plus souvent; il est professeur à l'Université de Genève.

FIORE, *Diritto internazionale privato*, 2ᵉ édition, Florence, 1874;
traduction française par M. Pradier-Fodéré : *Droit international
privé, ou Principes pour résoudre les conflits entre les législations
diverses en matière civile et commerciale*, Paris, 1875, 1 vol. in-8°. Il
y a un appendice de l'auteur destiné à mettre l'ouvrage en rapport avec la jurisprudence française la plus récente ; il contient
également des éclaircissements et des rectifications sur certains
points : il y aurait eu grand avantage à fondre le tout. Tel qu'il
est, l'ouvrage est fort utile. Il touche à un grand nombre de
questions et c'est peut-être le plus complet sur la matière. On
pourrait seulement dire que la méthode de l'auteur n'est pas suffisamment rigoureuse et qu'il y a quelquefois des répétitions.
M. Fiore a publié en outre deux ouvrages qui n'ont pas été tra-
duits : *Del fallimento secondo il diritto internazionale privato*,
Pise, 1873, et *Effetti internazionali delle sentenze e degli atti*,
Pise, 1874.

Dans les *Questions pratiques du Code Napoléon* (1 vol. in-8,

Paris, 1867), M. Bertauld, professeur de droit civil à la Faculté de Caen, a consacré 160 pages à une étude du conflit des lois françaises et étrangères, étude inspirée, comme le dit l'auteur, par les idées de Savigny.

III. STORY, *Commentaries on the conflict of laws foreign and domestic*, 7ᵉ édition, Boston, 1872, 1 vol. gr. in-8°. Ouvrage classique aux Etats-Unis et en Angleterre. Story était juge de la Cour suprême des Etats-Unis.

WESTLAKE, *a Treatise on private international law*, 1 vol. in-8°, Londres, 1858. L'auteur traite du conflit des lois d'après la jurisprudence suivie en Angleterre et dans les pays qui ont un droit similaire. Il se place à un point de vue purement anglais et s'appuie sur les décisions des tribunaux anglais. Son ouvrage est très utile à consulter parce qu'il permet de se rendre un compte exact des différences profondes qui existent entre les idées généralement admises sur le continent, et les idées admises en Angleterre en matière de droit international privé.

WHARTON. A *Treatise on the conflict of laws or private international law*, 1 vol. in-8°, Philadelphie, 1872. L'ouvrage commence par un chapitre d'introduction, dans lequel il indique les causes récentes qui ont modifié le droit international privé et les principes généraux qui doivent être admis en cette matière. Neuf chapitres sont ensuite consacrés au *domicile*, au *statut personnel*, au *mariage* et au *divorce*, aux *relations de parenté* (légitimation, adoption, puissance paternelle), à la *tutelle*, au *droit des biens*, aux *obligations* et aux *contrats*, à la *succession* et aux *testaments*, à la *forme des actes* et à la *procédure* (*practice*) ; le dernier chapitre traite du *droit criminel* (droit pénal international et extradition). Sur chaque matière, l'auteur ne s'occupe pas seulement des règles suivies aux États-Unis et en Angleterre et au sujet desquelles il rapporte les décisions judiciaires les plus récentes ; il fait encore porter son étude sur le droit français et sur le droit allemand, même fréquemment sur le droit romain.

Il faut faire une place à part au JOURNAL DU DROIT INTERNATIONAL PRIVÉ ET DE LA JURISPRUDENCE COMPARÉE qui paraît de-

puis 1874 sous la direction de M. Ed. Clunet. Il contient à la
fois des articles de doctrine dus à des jurisconsultes français,
belges, anglais, italiens, allemands, etc., et de nombreux documents de jurisprudence de tous les pays. Suivant leur importance, les décisions sont reproduites ou traduites intégra-
lement ou bien analysées. Pour certains pays, comme l'Allemagne, l'Angleterre, l'Autriche, la Belgique, l'Italie..., il y a
périodiquement une *Revue* qui tient au courant du mouvement
de la Jurisprudence, dans le domaine du droit international
ou du droit en général. On ne trouverait nulle part ailleurs autant de renseignements utiles sur le droit international privé
et les volumes de ce recueil seront les meilleurs matériaux que
puisse employer le jurisconsulte qui édifiera plus tard une
théorie définitive en cette matière.

IV. — PROGRAMME D'UN COURS DE DROIT DES GENS.

I. — Des personnes.

A. ETAT.

— Caractères constitutifs. — Formes diverses (état
simple, état composé, union personnelle ou réelle,
confédération). — Souveraineté intérieure et extérieure. — Modifications de la souveraineté (États mi-
souverains, protectorat).

Origine et transformation des États. — Reconnaissance d'un nouvel État, règle, applications (États-Unis
de l'Amérique du Nord, républiques de l'Amérique du
Sud, Italie, guerre de la sécession américaine). — Conséquences de la constitution d'un nouvel État, spécialement sur les dettes de l'ancien État et les traités conclus par lui.

Théorie des nationalités. Doctrines et faits.

Revue des principaux États au point de vue international (faits et traités qui les ont constitués. — Organes de la souveraineté extérieure : droit de conclure des traités, de faire la guerre, la paix).

FRANCE. — Constitution territoriale (traités des Pyrénées, de 1814 et 1815, de 1860 et de 1871). — Analyse des diverses constitutions en ce qui touche l'exercice de la souveraineté extérieure. — Situation particulière de *Monaco*, *Andorre*, *Tahiti* et de divers États protégés.

BELGIQUE. — Traités de 1831, 1839, 1870.

PAYS-BAS ET LUXEMBOURG. — Traité de 1867.

GRANDE-BRETAGNE.

ITALIE. — *Saint-Marin*.

DANEMARK.

SUÈDE ET NORWÈGE.

GRÈCE. — *Iles Ioniennes*.

AUTRICHE-HONGRIE.

RUSSIE.

TURQUIE. — Situation spéciale : Traités de Paris, de San-Stefano et de Berlin. — Convention relative à Chypre. — *Bulgarie* et *Roumélie orientale*.

EGYPTE et TUNIS.

ROUMANIE. — Traités de 1856, 1858 ; Traité de Berlin.

SERBIE et MONTENEGRO.

Confédérations :

ETATS-UNIS.

SUISSE. — Pacte de 1815, Constitutions de 1848 et de 1874.

ALLEMAGNE. — Confédération germanique de 1815.

— Confédération de l'Allemagne du Nord. — Empire
d'Allemagne. — *Zollverein.*

REPRÉSENTANTS DES ÉTATS.

a) *Souverains.* — Titres et prérogatives.
b) *Agents diplomatiques.*
Diplomatie. — Idée générale des relations diplomati-
ques. — Forme des communications et négociations. —
Conférences et congrès.
Personnel diplomatique (Ministère des affaires
étrangères, envoyés).
Agents diplomatiques proprement dits. — Classes. —
Immunités.

Situation internationale de la papauté. — Concordats. — Nonces. — Loi italienne des garanties.

DROITS ET DEVOIRS DES ÉTATS.

Souveraineté, égalité, indépendance, commerce mutuel. — Servitudes internationales. — Neutralité per-
pétuelle.
Intervention. — Idée générale. — Théories diverses.
— Principaux faits au dix-neuvième siècle (Sainte-Alliance, pentarchie européenne, guerre d'Espagne. —
L'Espagne et ses colonies. — Doctrine Monroe. — Affaires de Belgique. — Intervention dans les affaires de

l'empire ottoman (Affaires de Grèce. Question d'Orient en 1840. Traité de 1856. Expédition de Syrie. Insurrection de Candie. Insurrection de l'Herzégovine. Conférence de Constantinople. — Traités de San-Stefano et de Berlin. — Convention anglo-turque).

CONFLITS DE SOUVERAINETÉS EN MATIÈRE DE DROIT CRIMINEL.

Etendue d'application de la loi pénale. — Législation française et législations étrangères (Belgique, Allemagne, Angleterre, Hongrie).

Assistance réciproque des Etats en matière de justice criminelle. — Applications diverses.

Extradition.

Idée générale. — Historique. Législation et traités.

a) Conditions auxquelles l'extradition est accordée en ce qui touche les personnes et les faits.

b) Formes de l'extradition pour l'État requérant et pour l'État requis.

c) Effets de l'extradition.

Appendice. — De l'extradition en Belgique, en Angleterre, et aux États-Unis.

CONFLITS DE SOUVERAINETÉ EN MATIÈRE DE DROIT PRIVÉ OU DROIT INTERNATIONAL PRIVÉ.

Historique. — Théorie des statuts. — Théories modernes. — Rôle des lois et des traités. — Application des principes aux principales matières.

1. État et capacité de la personne.

2. Biens.

3. Conventions et obligations.

4. Rapports de famille.

5. Successions *ab intestat*, donations entre-vifs ou testamentaires.

6. *a*) Compétence judiciaire à l'égard des étrangers.

b) Effet des jugements rendus par les tribunaux étrangers.

B. Individu.

Ses droits. — Question de l'esclavage au point de vue international. — Traite des nègres. — Moyens employés pour la réprimer. Conventions internationales.

De la nationalité.

Importance de la distinction des nationaux et des étrangers.

Diversité des législations sur la nationalité d'origine et la naturalisation. — Conflits qui en résultent. — Conventions destinées à les prévenir.

Conséquences d'un démembrement de territoire sur la nationalité des habitants. — Étude spéciale des traités de 1814 et 1815, 1860, 1871.

Rapports de l'Etat .

1° *Avec ses nationaux à l'étranger.*

Autorité et protection. — Émigration.

2° *Avec les étrangers sur son territoire.*

Admission. — Asile. — Expulsion. — Extradition.

Condition des étrangers au point de vue du droit public et privé. — Traités d'établissement.

Situation des étrangers en Turquie. — Capitulations. — Réforme judiciaire en Egypte.

Des étrangers dans l'Extrême-Orient (Chine et Japon).

II. — Des biens.

TERRITOIRE. — Limites. — Conventions ayant pour but de les fixer.

Modes d'acquisition. — Occupation de territoires inhabités.

DE LA MER.

Liberté. Historique. Conséquences. Droit de visite. — Traite et piraterie.

Détroits. — Dardanelles et Bosphore. — Le Sund. — Canal de Suez. Projets de *neutralisation.* — Mer territoriale.

Des navires.

Nationalité. — Navires en pleine mer ou dans les eaux territoriales étrangères. — Navires de guerre et navires de commerce. — Cérémonial maritime.

DES FLEUVES ET DES RIVIÈRES.

Règles générales. — Acte final du congrès de Vienne. — Rhin. — Escaut. — Elbe. — Pô. — Danube.

III. — Des obligations et des rapports conventionnels.

TRAITÉS. — Caractère obligatoire. — Négociation et conclusion. — Ratification.

Droit de conclure des traités.

˙Capacité de les conclure, de les ratifier et de les mettre à exécution au point de vue constitutionnel. — Étude de la question en France, en Grande-Bretagne, aux États-Unis, en Suisse et en Allemagne.

Garantie des traités. — Durée. — Abrogation.

Objets divers des traités : politiques, économiques, administratifs.

Étude spéciale de quelques matières réglées par des traités :

Propriété littéraire.

Propriété industrielle.

Postes et télégraphes.

Chemins de fer.

Monnaies.

Poids et mesures.

DES CONSULATS.

Historique de l'institution.

Personnel consulaire. — Patente et *exequatur*. —

Prérogatives des consuls.

Attributions administratives : rapports avec la marine

militaire et la marine marchande ; administration des successions.

Fonctions relatives à l'état civil.

Fonctions notariales.

Des consuls en Orient. — Prérogatives. — Juridiction civile et criminelle.

IV. — Litiges internationaux.

Solutions pacifiques. — Négociations directes. — Commissions internationales. — Médiation. — Conférences et congrès.

Arbitrage international. — Principales applications. — Historique détaillé de l'affaire de l'*Alabama*. — Mouvement dans les parlements et dans l'opinion publique depuis 1872.

Solutions violentes. — Représailles. — Embargo.

DE LA GUERRE.

Quand y a t-il guerre ? — Rébellion, guerre civile.

Déclaration de guerre. — Formes. — Effets immédiats : situation des sujets respectifs (expulsion, commerce avec l'ennemi) ; — traités.

Des opérations de la guerre.

Tentative de réglementation internationale. — Conférence de Bruxelles de 1874.

Quels sont les belligérants ? Francs-tireurs.

Moyens d'attaque et de défense. — Surprises et stratagèmes. — Espionnage. — Sièges. — Bombardements.

Traitement des ennemis : prisonniers, blessés (convention de Genève).

Rapports entre belligérants. — Parlementaires. — Conventions diverses ou cartels (suspension d'armes, armistice, capitulation, etc.).

De l'occupation et de ses effets sur les personnes, sur les biens de l'État ou des particuliers. — Réquisitions et contributions.

De la guerre maritime.

Différences avec la guerre continentale. — Du sort de la propriété privée. — De la course. Historique. Abolition.

De la neutralité.

Idée générale. — Caractères divers que peut avoir la neutralité.

Droits et devoirs des neutres sur terre et sur mer.

Commerce avec l'ennemi. — Contrebande de guerre. Blocus. — Droit de visite. — Jugement des prises.

Fin de la guerre.

Traité de paix. — Clauses ordinaires.

FIN.

TABLE DES MATIÈRES

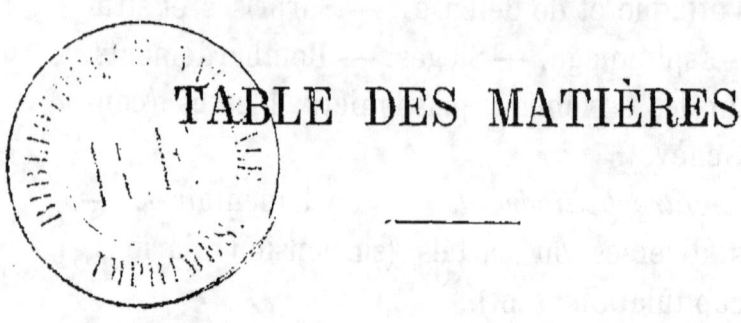